D1727182

Text   Toni Föllmi

Fotos   Klaus Brodhage

BASEL
und seine Kultur

Mit einem Geleitwort
von Marc Sieber und Freddy Rüdisühli

Friedrich Reinhardt Verlag

© 2002 by Friedrich Reinhardt Verlag, Basel
Lektorat: Monika Schib Stirnimann, Basel
Umschlag- und Inhaltsgestaltung: Werner Mayr, Basel
Lithos und Druck: Reinhardt Druck, Basel
ISBN 3-7245-1231-7

Inhaltsverzeichnis

Geleitwort zum Text

Jacob Burckhardt war überzeugt, dass ein Erfassen der kulturellen Entwicklung nur möglich war, wenn man die Spezialforschung beiseite liess und in subjektiver Freiheit, eben als Dilettant, sich der Kulturgeschichte näherte: «Ein Dilettant ist einer, der an seiner Arbeit und seinem Studium Freude hat», äusserte er sich einmal im Gespräch. Dieses Lob des «Dilettantismus, welcher sich ein Vergnügen aus dem macht, woraus andere sich eine Qual machen», trifft auf das vorliegende Buch zu.

Als Vertreter der Wirtschaftswissenschaften hat sich Toni Föllmi in vielen Jahren intensiver Beschäftigung mit unserer Stadt ein breites kulturelles und historisches Wissen zugelegt, dabei aber immer die Freiheit der persönlichen Sicht und Wertung bewahrt. Diese subjektive Annäherung an das kulturelle Wesen unserer Stadt ist von besonderem Reiz und bietet ein leserfreundliches, von engem Spezialistentum unbelastetes Bild, das dem Leser eine Fülle an Informationen vermittelt und faszinierende Zusammenhänge aufzeigt. Diese Form der bürgernahen Geschichtsschreibung, wie sie im 19. Jahrhundert besonders intensiv gepflegt wurde, ist leider in unserer Zeit sehr selten geworden. Umso dankbarer ist der Leser für diese «Streiflichter», die Geschichte und Brauchtum, Institutionen und Denkmäler von Basel und Umgebung in plastischer Form und farbigem Licht erscheinen lassen.

Marc Sieber

Zum Text

Basel ist eine Stadt, die man entdecken muss. Als Grenzstadt, aber auch als wichtiges Handelszentrum versucht Basel heute im europäischen Raum seinen Platz zu finden. Mittelpunkt von Basels landschaftlichem wie persönlichem Wesen ist der Rhein. Der Rhein ist nicht nur die bedeutendste Wasserstrasse Mitteleuropas, sondern unter historischen, kulturellen und künstlerischen Aspekten ein Thema von europäischer Dimension. Mit ihm fühlt sich der Basler verbunden. Geschichte und Brauchtum haben diese Stadt geprägt. Sie entwickelte sich aus keltisch-römischen Siedlungen. Zum Jahre 374, als Valentinian gegen die Alemannen zu Felde zog und die Rheingrenze befestigte, berichtet Ammianus Marcellinus erstmals über «ein Festungswerk bei Basel, welches die Anwohner Robur nennen». Im Jahre 1032 kam die Stadt zum Heiligen Römischen Reich deutscher Nation und wurde von einem Fürstbischof regiert, der ein Vasall des Kaisers war. Daher führt Basel einen Bischofsstab im Wappen. Die ausgesprochene Eigenart Basels bestätigt im 20. Jahrhundert ein Wort des Basler Historikers und Diplomaten Carl Jacob Burckhardt: «Städte, solange sie diesen Namen verdienen und nicht blosse Menschenanhäufungen sind, bleiben immer Individuen mit so ausgeprägten Zügen, dass jeder einzelne ihrer Angehörigen immer an diesen gemeinsamen Zügen erkennbar ist.»

Der erste Teil dieser Aufzeichnungen über «Basel und seine Kultur» vermittelt Streiflichter auf Basels Geschichte und Brauchtum. Im zweiten Teil werden das heutige Bild der Stadt und – mit einem Blick auch über die städtischen Kantonsgrenzen hinaus – einige wenige ausgewählte Sehenswürdigkeiten im Kanton Basel-Landschaft sowie in den solothurnischen Bezirken Thierstein und Dorneck in ihrer Entwicklung eingefangen. Dieses Mosaik ist notgedrungen ebenso subjektiv wie fragmentarisch. Es entspricht meinen ganz persönlichen Interessen. Manches wäre einer eingehenderen Betrachtung wert. Der dritte Teil enthält ausgewählte kommentierte Literaturhinweise: sieben Klassiker der Basler Historiografie in chronologischer Reihenfolge und 52 bibliografische Skizzen. Der interessierte Leser findet in diesen Miniaturen manches, das in den ersten beiden Teilen da und dort nur angedeutet ist. Erst Gegenwart und Vergangenheit bilden ein Ganzes. Gegenwärtiges lässt sich denn auch oft nur aus der Kenntnis des Vergangenen recht verstehen.

Ich danke all jenen, die durch schriftliche oder mündliche Beiträge mitgeholfen haben, dieses Buch zu gestalten, insbesondere: Ulrich Barth, Eduard Belser, Louis Berger, Ernst Beyeler, Paul H. Boerlin, Markus Butz, Armin Faes, Peter Feiner, Alex E. Furger, Helga von Graevenitz, Willi Granert, Doris Grimm, Katia Guth-Dreyfus, Gabriele Hlavacek, Paul Jenni, Kurt Jenny, Bernard Keller, Claudia Leuppi, Walter Maeschli, Margrit Manz, Werner Mayr, Carl Miville-Seiler, Josua Oehler, Felix Pachlatko, Hans Adam Ritter, Burkard von Roda, Freddy Rüdisühli, René Salathé, André Salvisberg, Lukas Schenker, Monika Schib Stirnimann, Werner Schneeberger, Marcus Schneider, Marc Sieber, Urs M. Sieber, Katrin Steffen, Edwin Tschopp, Urs Vogelbacher, Hanspeter Weisshaupt, Roland Wetzel, Franz C. Widmer.

Toni Föllmi

Geleitwort zu den Fotos

Die Vorstellung, stundenlang durch Basel zu ziehen, immer auf der Suche nach unbekannten, neuen Motiven, hat etwas Faszinierendes an sich. Klaus Brodhage ist einer jener Chronisten, die stetig mit dem Fotoapparat durch die Stadt streifen und Momentaufnahmen aufs Zelluloid bannen. Und wenn es ihm auf Anhieb nicht gelingt, seine Stadt so darzustellen, wie er sie sieht und mit der Linse erfühlt, dann nimmt er sich Zeit und wiederholt die Aufnahme. Immer wieder, bis er seine Sicht von Basel eingefangen hat und mit der Qualität zufrieden ist.

Seine Fotos sind Zeitdokumente von hoher Qualität. Keine Standardfotos, sondern Bilder mit starker Aussagekraft, persönliche Aufnahmen, die von seiner tiefen Verbundenheit zu Basel zeugen. In seinem Atelier stapeln sich Tausende von Fotos. Und täglich kommen neue dazu. Schon längst müsste er die Serien ordnen. Aber dazu fehlt ihm die Zeit, denn Basel verändert sich stetig. Und Klaus Brodhage will diese Veränderungen dokumentieren. Dies kann er nur vor Ort, an den Schauplätzen des Geschehens. Zu jeder Tages- oder Nachtzeit und zu jeder Jahreszeit.

Nur manchmal verlässt er diesen Pfad, um abzuschalten. Aber selbst in diesen Momenten bleibt er sich treu. Dann nämlich, wenn er vom Fussballfieber gepackt am Spielfeldrand im St. Jakob-Park steht, um die FCB-Stars abzulichten.

Freddy Rüdisühli

Zu den Fotos

Sowohl für den professionellen Fotografen als auch für den Amateur bieten die Stadt Basel und ihre Umgebung Motive, die ihresgleichen suchen. Verwurzelt in einer jahrhundertealten Tradition und von kriegerischen Zerstörungen verschont geblieben, hat sich die Stadt seit jeher frei entwickeln können.

Die Freiheit der Religion, der Wissenschaft und der Künste wurde immer gepflegt und gefördert. Und diese Freiheit spiegelt sich in allen Ecken und Enden der Stadt wider. Das architektonische Erscheinungsbild Basels, das heute mit grossem Respekt gepflegt wird, ist in einer jahrhundertelangen Entwicklung entstanden. Das Ergebnis ist eine Oase der Ruhe und Entspannung – wer da hineintaucht, geniesst ein kulturelles Erlebnis sondergleichen.

Die Vielfalt von Eindrücken stellt den Fotografen vor ernsthafte Schwierigkeiten. Wie soll man dieses Stadtbild getreu wiedergeben? Die wahre Kunst liegt doch im Weglassen vom Unwesentlichen – aber wie soll man das tun, wenn alles so wesentlich zu sein scheint?

Darin liegt die grosse Gefahr: Alles kann man nicht haben, und doch ist man versucht, alle möglichen faszinierenden Details in ein Gesamtbild einzupacken. Und damit geht das Gesamtbild prompt verloren. Ach, Basel, warum machst du mir so viele Schwierigkeiten?

Es ist wie bei Figaro: «Figaro hier, Figaro da, Figaro überall» – aber wie soll man den lieben Figaro einfangen?

Konkret heisst das: Für das vorliegende Werk wurden mehrere tausend Aufnahmen gemacht mit Motiven wie eine wunderschöne Eingangstür, ein seltenes Schild, ein auffallend attraktives Haus, eine imposante Kirche, eine romantische Gasse oder eine einladende Strasse – und Brunnen über Brunnen, nicht zu reden von den berühmten Museen der Stadt!

Mir war von Vornherein klar, dass nur eine begrenzte Anzahl der Sehenswürdigkeiten von Basel schlussendlich in das Band aufgenommen werden konnten. Es blieb also die Qual der Wahl!

Dank der hingebungsvollen Mitarbeit von Claudia Leuppi und Werner Mayr vom Friedrich Reinhardt Verlag, Basel, die auch das Buch insgesamt gestaltet haben, und nach stundenlangen Diskussionen, wurde dann die vorliegende Auswahl getroffen. Sie möge dem geneigten Leser viel Freude bereiten!

Im Übrigen möchte ich mich noch speziell bei folgenden Personen für ihre Unterstützung im Zusammenhang mit diesem Buch bedanken: Verena Baechler, Sämi Caderas, Paola Dilella, Felix Drechsler, Claudia Aeberhardt, Peter Fischer, Dalida Friberg, Rolf Hämmerlin, Robert Heuss, Maja Morelli, Gigi Oeri, Freddy Rüdisühli, Adelina Rovitti, Toni Scherrer und Josef Zimmermann.

Klaus Brodhage

Erster Teil

Streiflichter auf Basels Geschichte und Brauchtum

«Daas isch my Stadt, my Baasel
am Gnei vom wilde Ryy;
es kennt e bitzli greesser,
doch s kennt nit lieber syy.»

Theobald Baerwart, 1928

1 *Teil des Grossbasler Panoramas an einem kalten Wintermorgen.*

2 Menschen in Basel: Rheinschwimmen. Am ersten Dienstag nach den Sommerferien (Mitte August) findet das traditionelle Rheinschwimmen «dr Bach ab» statt.

3 Ganz Basel tickt rot-blau und feiert seinen FC Basel.

4–7 Freunde treffen, Strassenmusikanten geniessen, picknicken, einkaufen.

20

Räume und Grenzen – der Fernblick

Im geografischen Mittelpunkt der Basler Region befinden sich das auffällige Rheinknie und die weite Senke des Rheintalgrabens. Abgeschlossen wird die Region durch den Kaiserstuhl und die Schwarzwaldhöhen im Norden und Osten, das Rumpfgebirge der Vogesen im Westen und den vielfältig geformten Jura im Süden. Sie heisst gelegentlich «Dreieckland», weil sie im Dreieck zwischen drei Bergen mit dem gleichen keltischen Namen liegt: dem Belchen im Jura, dem Belchen im Schwarzwald und dem Belchen oder Ballon d'Alsace in den Vogesen. Zwischen diesen Gebirgszügen stehen in alle Himmelsrichtungen Zugänge offen: nach Norden die 30 Kilometer breite und 300 Kilometer lange Oberrheinische Tiefebene, nach Osten das Hochrheintal, gegen Süden die Nebentäler des Rheins und im Westen die Burgundische Pforte.

Seit dem Mittelalter kreuzen sich hier wichtige europäische Verkehrswege. Hier endet die Grossschifffahrt auf dem Rhein, hier stand der erste Bahnhof auf Schweizer Boden. Durch Basel, «das goldene Tor der Schweiz», führt die zentrale Nord-Süd-Achse Europas: die Gotthardbahn und die Gotthardstrasse. Von ihrem Zentrum aus erhielt diese Gegend den Namen «Regio Basiliensis». Ohne Rücksicht auf ihre topografische Einheit wird die Regio von den Staatsgrenzen Frankreichs, Deutschlands und der Schweiz zerschnitten. Die Chance zur politischen Einigung der Region Basel ist schon im Mittelalter verpasst worden. Offenbar war die wirtschaftliche und kulturelle Entfaltung wichtiger als die territoriale Expansion. Basel, «das goldene Tor der Schweiz», vermag seine Türflügel über die Grenze hinaus in Richtung Baden und Elsass zu öffnen.

Das Gebiet zwischen Vogesen, Schwarzwald und Jura bildet aber nicht nur eine geografische Einheit. Auch die mundartliche Sprache verhilft den verschiedenen Teilen der Basler Regio zu etlichen Gemeinsamkeiten. Auf engem Raum bietet sich aber trotz des gemeinsamen alemannischen Erbes eine kulturelle Vielfalt, die Fremde wie Einheimische gleichermassen zu Entdeckungsfahrten einlädt. Der Schwarzwald ist ein lang gestrecktes, schmales Stück Landschaft mit weit in die Tausenderregion hineinragenden Gipfeln, dunklen, «schwarzen» Wäldern, schattenreichen Tälern und kahlen Kuppen, mit vielen heilenden Quellen und heilklimatischen Kurorten. Er ist zweifellos eines der schönsten, viel gestaltigsten und abwechslungsreichsten deutschen Mittelgebirge. Nicht bestreiten lassen sich auch die Vorteile seiner südlichen Grenzlage nahe der Burgundischen Pforte, die schon früh im Jahr mediterrane Wärme ins Land bringt. Die Vogesen begrenzen auf der dem Schwarzwald gegenüberliegenden linken Seite des Rheines die Oberrheinische Tiefebene auf etwa 170 Kilometern Länge. Die Ähnlichkeit der Landschaft der Vogesen und des Schwarzwalds fällt sofort ins Auge. Charakteristisch sind die abgerundeten Berggipfel, die hoch gelegenen Nadelwälder mit ihren verstreuten Bergseen und die Wiesentäler. Die Fruchtbarkeit der Rheinebene und das milde Klima erlauben den Anbau südlicher Kulturen wie Tabak, Wein, Spargel und Mandeln in einer Gegend, in der eigentlich eher Hopfen und Zuckerrüben wachsen. Manche sehen nicht ohne Grund im Elsass die Euroregion der Zukunft verwirklicht.

Basel – die Stadt ohne Land

Wer als Fremder in das «ruhmreiche Basel» – «Inclyta Basilea» nannten die Basler Buchdrucker den Ort ihrer Offizin – kommt, mag etwas vermissen, was er in anderen Städten zu finden gewohnt ist: äusserliche Grösse, Glanz und Prestige. Basel hatte nie den Willen zur Macht. Hier ist nie blutige Geschichte gemacht worden. Die Stadt hat nie erobert und unterdrückt. Darum ist Basel heute allseits von engen Grenzen umgeben, ist eine Stadt ohne Land, ein reiner Stadtstaat geworden. Mit den zwei Aussengemeinden Riehen und Bettingen bildet die Stadt den schweizerischen Halbkanton Basel-Stadt, der auf einer Fläche von bloss 37 Quadratkilometern heute 190 000 Einwohner zählt. Durch die Höhenzüge des Juras im Südosten wird Basel topografisch von der übrigen Eidgenossenschaft abgeschnitten. Die höchste Erhebung im baselstädtischen Kantonsgebiet ist beim Aussichtspunkt St. Chrischona (522 m ü. d. M.) zu messen.

Was wäre Basel ohne den Rhein?

Tritt man vom Münsterplatz auf die Pfalz, auf die Aussichtsterrasse hinter dem Münster hoch über dem Rhein, so versteht man, warum diese Stadt nie die Versuchung spürte, sich ins Kleinbürgerliche zurückzuziehen, warum sie nie ein Museum geworden ist. Denn zu Füssen drängt der Rhein, ein breiter Strom, mächtig durch die Mitte der Stadt. Auf seinem 1320 Kilometer langen Weg von den Zentralalpen zur Nordsee bildet er die natürliche Verbindung von Landschaften unterschiedlichsten Charakters. Bereits die Römer nutzten die strategische Bedeutung der Wasserstrasse für die Gründung städtischer Siedlungen, die dann im Mittelalter unter dem Regiment von Bischöfen, Fürsten und Bürgerschaft eine neue wirtschaftliche und kulturelle Blüte erlebten. Ungeachtet wechselnder historischer Konstellationen im Laufe der Jahrhunderte hat der Rhein als Quelle und Lebensader künstlerischer Strömungen eine Rolle gespielt, deren europäische Dimension wieder zu entdecken ist.

Wer auf der Mittleren Brücke steht, erinnert sich unweigerlich an den Satz Heraklits, dass man im selben Fluss nicht zwei-
mal badet. Die Zeit kann hier ihren Atem nicht anhalten. Die Gegenwart gilt gleich viel wie die Vergangenheit. In Jeremias
Gotthelfs Roman «Jacobs des Handwerksgesellen Wanderungen durch die Schweiz» erscheint der Rhein als geradezu
mythisches Wesen: «Es war die gewaltige Kraft, welche stetig, schön, in gewaltiger Gelassenheit, aber in sichtbarer Unwiderstehlichkeit dahinfliesst, unbekümmert um alles Menschengerede, ungehindert vom menschlichen Getriebe; es war
eine sichtbare Gotteskraft, welche allen menschlichen Kräften zu Diensten steht, aber auch über alle menschlichen Kräfte
geht und, wenn sie im Zorne erbraust, alles Menschenwerk zermalmt.»

Basels Lage am Wasser mag bildungsetymologische Deutungen des Namens Basel als «Basilia», als «königliche Stadt»,
oder, hergeleitet von «Wasal», als «Stadt am Wasser» nahe legen. Sie sind jedoch wissenschaftlich nicht haltbar. Das urkundlich belegte «Basilia» ist auf jeden Fall vorrömischen, vermutlich keltischen und sicher nicht griechischen Ursprungs
und bezeichnet ein vorrömisches «Oppidum», einen «befestigten Platz». Falsche Etymologien sind für das Gefühl indessen oft richtig, weil sie dem Deutenden wichtige Inhalte freilegen. So «Stadt am Wasser»: Der Basler fühlt sich mit dem
Rhein innig verbunden. Der Strom ist der Mittelpunkt von Basels landschaftlichem wie persönlichem Wesen. Er führt aus
der Schweiz hinaus, zu seiner Linken Frankreich und zur Rechten Deutschland. Ein Pfahl an der Dreiländerecke markiert die
Begegnung der drei Staaten, wo die Wasserstrasse vom Meer her den grossen Binnenhafen des Landes erreicht. Das me-
tallene Symbol, das sich wie ein überdimensionales und verdrehtes Werkstück aus der Flugzeugindustrie präsentiert, steht
im Rheinhafen auf Basler Boden, wenn auch auf dem äussersten Zipfel.

8–9   *Blick vom Münster rheinabwärts (links) und -aufwärts (rechts).*

«Basler Fährengeschichten» – die Stimme Rudolf Grabers

Man erinnert sich hier gern an die Stimme Rudolf Grabers (1899–1958). Der Basler Dichter und Lehrer am Realgymnasium fühlte sich motivisch ans Wasser gebunden, hat er doch zeitlebens am Wasser gewohnt.

Rudolf Graber verbrachte seine Jugendzeit in Bad Säckingen und in Basel, absolvierte sein Studium hier und in Würzburg. Seine «Basler Fährengeschichten» haben seinen Dichternamen geprägt und weit über die Basler Grenzen hinausgetragen. Sie sind seine höchst persönliche und unnachahmliche Schöpfung. Sie enthüllen baslerisches Wesen, Basler Sitten und Gebräuche, den Genius Loci, die Atmosphäre der Rheinstadt, und heben doch das allgemein Menschliche heraus, wie es überall verstanden wird. Rudolf Graber hat für Basel und die Schweiz so etwas geschaffen wie auf dem Niveau der Weltliteratur Geoffrey Chaucer (1340–1400) für Canterbury und Südengland. Für Rudolf Graber lag ein guter Teil glücklicher Zufriedenheit und aufmunternder Genugtuung im schöpferischen Arbeiten selbst, im Sichversenken in die Welt seiner Gestalten, im Wiederhervorzaubern der schönen und einzigartigen Stimmungen, an denen sein Werk so überaus reich ist, in der gelungenen Erweckung einer Zeit, die ihm teuer und unvergesslich war und die ihm in der entscheidenden Wendung seines jungen Lebens die Fülle von Eindrücken bescherte, unter denen seine dichterische Begabung sich ihrer Kraft und Berufung bewusst wurde.

Als die Jury des Literarischen Wettbewerbs der Büchergilde Gutenberg Zürich an ihrer Schlusssitzung vom 5. Februar 1958 zur letzten Abstimmung schritt, da fielen bei der Zuteilung des ersten Preises alle sieben Stimmen auf den Roman «Blüten im Wind», und bei der anschliessenden Öffnung des beigelegten Umschlags verursachte der Name des Verfassers eine Minute betroffenen Schweigens: Rudolf Graber! Denn Rudolf Graber war wenige Tage zuvor, am 26. Januar, seinem Herzleiden erlegen, und der Erfolg, der ihm eben zuteil geworden, war nur noch ein Ruhmeskranz, der ihm aufs frische Grab gelegt wurde. «Blüten im Wind» ist ein Entwicklungsroman, ein Stück seines eigenen Lebens.

«Das goldene Tor der Schweiz»

Man nennt Basel «das goldene Tor der Schweiz». Nirgends sonst kommen Güter auf Schienen, Strassen und auf dem Wasser in solchen Mengen über die Grenze in die Schweiz hinein. Im Basler Zollkreis nimmt die Eidgenossenschaft die Hälfte ihrer gesamten Zollerträge ein. Im Gesichtskreis des Hafens erscheinen die für Basel typischen Weltunternehmen der chemisch-pharmazeutischen Industrie, die allein für einen Fünftel des Wertes aller schweizerischen Exporte aufkommt. Basels Verkehrsanlagen greifen, dem Rhein gleich, hinaus über alle Grenzen, über die kantonale, die deutsche und die französische.

Basel ist eine tätige Stadt. Als Stadtstaat ist sie innerhalb der Schweiz ein Sonderfall. Als solchen darf man Basel aber auch sonst in wesentlicher Hinsicht bezeichnen. Was dem Fremden – und den vielen Schweizern, die Basel nicht oder nur wenig kennen – zuerst auffällt, ist das Stadtbild. Es entspricht nicht den klassischen Vorstellungen einer Schweizer Stadt. Basel spiegelt sich nicht in einem See, und seinen Hintergrund bilden nicht die Alpen. Der Basler fühlt sich eins mit dem dahinrauschenden Strom. Dieser ist es, der seinen Blick in die Ferne mitnimmt. Was dem Basler besonders lieb ist, spiegelt sich auf dem Rhein. Auf hoher, steiler Terrasse steht das rote Münster mit seinen zwei schlanken Türmen und dem bunten Ziegeldach, in seinem Schatten schmiegt sich die kleine, alte Universität in die stillen Ufergärten, und Johann Peter Hebels bescheidenes Geburtshaus schaut vom Totentanz über den Strom hinweg zu den blauen Schwarzwaldbergen.

30

Die zwei spätkeltischen Siedlungen am linken Rheinufer

Bereits vor der Zeitwende sind auf dem heutigen Stadtgebiet zwei spätkeltische Siedlungen mit frühstädtischem Charakter entstanden. Die am Rheinufer gelegene Niederlassung «Basel-Gasfabrik» geht auf das 2. Jahrhundert v. Chr. zurück. Hinweise auf ein hoch spezialisiertes Handwerk und die zahlreichen Münzfunde lassen auf einen zentralen Marktort von regionaler Bedeutung schliessen. Spätestens um die Mitte des 1. Jahrhunderts v. Chr. wurde auf dem Münsterhügel ein befestigtes Oppidum, eine «Einzäunung», angelegt. Möglicherweise diente dieser Schutz bietende Ort den Bewohnern der ungeschützt in der Rheinebene gelegenen Siedlung schon in früherer Zeit als Fluchtburg. Die strategische und politische Stellung, die das Oppidum auf dem Münsterhügel in spätkeltischer Zeit innehatte, dürfte den römischen Feldherrn Lucius Munatius Plancus in den Jahren 44/43 v. Chr. bewogen haben, an dieser Stelle eine Kolonie zu gründen. Die römische Kolonisation setzte sich in unserer Gegend allerdings erst nach der Neugründung der «Colonia Augusta Raurica» (Augst) unter Kaiser Augustus durch. Die Gründung einer Stadt aus dem «Nichts», das heisst auf bislang unbesiedeltem Gelände, war in römischen Kolonien keine Seltenheit.

Die römische Koloniestadt Augusta Raurica

In der Schweiz besitzt die Koloniestadt Augusta Raurica die bedeutendsten römischen Reste. Sie befinden sich etwa 600 Meter vom Rhein entfernt, auf den letzten hügeligen Ausläufern zwischen Ergolz und Violenbach. Die Stadt war nach einem regelmässigen Plan angelegt, mit rechtwinklig sich schneidenden Strassen. Sie zerfiel zur Hauptsache in zwei Teile, den Komplex der grossen öffentlichen Gebäude, die vor allem die nördlichen Hügelausläufer einnahmen, und das Wohnviertel, das sich besonders auf der ebenen, südlich anschliessenden Fläche des «Steinler» ausdehnte. Die Stadt war nie befestigt, eine zu unbekannter Zeit begonnene Stadtmauer ist nicht über die allerersten Anfänge hinausgediehen.

Die bekannteste Ruine von Augst ist das Theater. Mit seiner Gesamtbreite von etwas über 100 Metern bot es Raum für etwa 10 000 Personen. Hinter dem Theater lag der Hauptplatz der Stadt, das «Forum». Das Römerhaus und Museum Augst, dicht beim Theater, zeigt die alte römische Bauweise sowie Funde aus Augst und vermittelt ein anschauliches Bild vom täglichen Leben in der Römerkolonie.

Augusta Raurica war ein Zentrum des Handels und des Gewerbes. Es muss zu seiner Blütezeit, im 2. Jahrhundert n. Chr., etwa 10 000 bis 20 000 Einwohner gezählt haben. Im Jahre 1967 wurde die bisher älteste auf Stadtgebiet gefundene Inschrift mit Erwähnung des Stadtnamens entdeckt, nämlich eine Bronzetafel vom Sockel einer Ehrenstatue, vermutlich des Augustus. In der um 160 n. Chr. entstandenen Geografie des Ptolemäus, in lateinischer Übersetzung «Almagest» genannt, ist Augst überliefert. Augst erhielt seinen Namen, wie viele andere Städte, von Kaiser Augustus. Der Name der römischen Kolonie lebt im Ortsnamen und im geografischen und rechtlichen Begriff des Augstgaues weiter, der ungefähr das Gebiet der Colonia Augusta umschloss. Erst in karolingischer Zeit zerfiel der Gau in den Sisgau und den Frickgau.

Der Name «Basilia» in den Aufzeichnungen des Historikers Ammianus Marcellinus

Nachdem das strategisch günstig gelegene Lager auf dem Münsterhügel im Jahre 259 n. Chr. von den Alemannen zerstört worden war, befestigten die Römer ihre Rheinlinie erneut und damit auch den Basler Münsterhügel. Der Name «Basilia» erscheint erstmals im Jahre 374 n. Chr. in den Aufzeichnungen des spätrömischen Historikers Ammianus Marcellinus, wo er über «ein Festungswerk bei Basel, welches die Anwohner Robur nennen», berichtet. Nachdem bereits im 4. Jahrhundert hier das Christentum eingeführt worden war und die Römer sich 401 nach Italien zurückgezogen hatten, verlegte man den Bischofssitz Anfang des 7. Jahrhunderts auf den Basler Münsterhügel. Parallel zu der hier anwachsenden Bischofsstadt entwickelte sich in der Talstadt eine Handwerkersiedlung mit einem von Handel und Gewerbe lebenden Bürgerstand. 917 zerstörten ungarische Reiterheere die Stadt und das karolingische Münster. Kaiser Heinrich II. übernahm die Stadt von König Rudolf III. von Burgund als Pfand und förderte den Neubau des Münsters. Die weltliche Herrschaft des Bischofs über die Stadt wurde von ihm 1006 wiederhergestellt. Ende des 11. Jahrhunderts umzog Bischof Burkhard von Fenis die Stadt mit einem Mauerring und legte 1083 das St. Alban-Tal mit dem Kloster an. Der Bau der ersten hölzernen Rheinbrücke wurde im Jahre 1226 vollendet.

Die Nachricht über das grosse Erdbeben zu Basel

Das 14. Jahrhundert brachte allerhand Unheil über die Stadt: 1348 die Beulenpest, worauf man die Juden der Stadt als vermeintlich Schuldige auf der Rheinsandbank in ein Holzhaus trieb und dieses anzündete; 1356 das grosse Erdbeben und der Grossbrand, denen der grösste Teil der Bauten zum Opfer fiel. 1392 verkaufte der Bischof das rechtsrheinische Kleinbasel an Basel und von 1386 bis 1398 wurde die Ringmauer um alle Vorstädte vollendet. Die Stadt Kleinbasel ist an der Stelle eines seit der Jahrtausendwende bestehenden Dorfes entstanden, das in den spärlichen Schriftquellen als «Niederbasel» bezeichnet wird. Die Gründung Kleinbasels hing eng mit dem Bau der Rheinbrücke zusammen.

Vom stärksten Erdbeben in der bekannten Geschichte Basels vom 18. Oktober 1356 findet man die ältesten Nachrichten in einem Aufruf zu Spenden für das teilweise zerstörte Basler Münster. Am Nachmittag des Lukastages, ungefähr um vier Uhr, erschütterte ein erster Stoss die Stadt. Viele Häuser und der Chor des Münsters stürzten ein. Von Panik ergriffen flüchteten die Basler aus der Stadt auf das offene Feld. Von abends zehn Uhr bis Mitternacht folgten weitere Stösse. Jetzt sahen die Geflüchteten die Stadt brennen. Was das Beben nicht in Trümmer gelegt hatte, wurde ein Raub der Flammen. Acht Tage lang soll das Feuer gewütet haben. Wie gut der Wiederaufbau gelungen ist, schrieb 1434 Enea Silvio Piccolomini in seiner ersten Schilderung Basels in einem Brief an den Kardinal Giuliano de Cesarini, den Präsidenten des Basler Konzils: «Basel soll vor nunmehr achtzig Jahren durch wiederholte Erdstösse so gründlich zerstört worden sein, dass keine hundert Häuser die Katastrophe überdauerten. Das heutige Bild der Stadt bestätigt dies: sie ist wie in einem Zug erbaut, überall modern, und kein Gebäude zeigt Spuren des Alters.»

Die Helden von St. Jakob an der Birs

Am 26. August 1444 setzten sich die Eidgenossen gegen den Dauphin von Frankreich mit seinen Armagnaken, den verrohten französischen Söldnern der Grafen von Armagnac, vor der Stadt bei St. Jakob äusserst verlustreich zur Wehr. Nach der Bluttat von Greifensee schlossen die Eidgenossen die Stadt Zürich ein und begannen sie zu belagern. König Friedrich, der Habsburger von Österreich, hatte gerade anderes zu tun, als der Reichsstadt Zürich zu helfen, und bat den König von Frankreich, Ludwig XI., um Hilfe. Dieser schickte die Armagnaken, schreckliche Raubsoldaten, mit 40 000 Mann nach Basel. Den Oberbefehl hatte der 21-jährige Kronprinz und spätere Ludwig XII.

Das Heer erreichte bald das Rheinknie, die Vorhut überschritt die Birs und besetzte Muttenz, Pratteln und weitere Dörfer. Die Eidgenossen belagerten gerade die Farnsburg bei Sissach. 1200 Mann von Luzern und Zürich waren soeben als Verstärkung eingetroffen. Sie hörten von den Armagnaken und wollten ihnen eins auswischen. Nur zögernd erhielten sie die Erlaubnis, mussten aber schwören, die Birs nicht zu überschreiten. Auf dem Ärmel hatten sie das weisse Kreuz aufgenäht. 1300 Mann im Alter von 14 bis 25 Jahren zogen los und konnten in Muttenz einige 1000 Feinde der Vorhut schlagen und grosse Beute machen. In ihrer Rauflust erstachen sie einen Basler Boten samt Pferd, der sie vor der Übermacht jenseits des Flusses warnte, und überschritten die Birs. Am 26. August 1444, morgens um acht, erreichten sie das Kirchlein St. Jakob und das Spital für Aussätzige, das Siechenhaus, stiessen dann auf die Armagnaken und griffen an. Vier Stunden lang vermochten sie gegen die 20fache Übermacht anzukämpfen. Als sie sich zurückziehen wollten, wurde ihnen der Weg versperrt, sodass sie sich nur in das Siechenhaus retten konnten. Sie hielten mit unglaublicher Tapferkeit durch, bis sie mit einbrechender Nacht geschlagen waren. Auf Verhandlungen, die man ihnen während des Kampfes angeboten hatte, waren sie nicht eingetreten. 1100, meist Berner und Solothurner, hatten ihr Leben verloren. 200 waren schwer verwundet und nur zwei waren geflüchtet.

Die Eidgenossen gaben die Belagerung der Farnsburg und der Stadt Zürich nach dem Eintreffen der schrecklichen Botschaft von der Niederlage an der Birs auf, aus Angst, die Armagnaken könnten weiter in ihr Gebiet vordringen. Sie zogen nach Hause, um ihre Heimat zu schützen. Ludwig, überwältigt vom Mut der Eidgenossen, folgte ihnen nicht, sondern schloss den Friedensvertrag von Ensisheim, der auch für die Stadt Basel galt. Durch die österreichische Niederlage bei Sempach 1386, die für die Eidgenossen siegreichen Burgunderkriege von 1474 bis 1477 und schliesslich den erfolgreichen Schwabenkrieg 1499 gegen Kaiser und Reich errangen die Schweizer im Frieden von Basel 1499 die Selbstständigkeit. Als die Schlacht bei Dornach vorbei war, trafen sich am 15. August 1499 in Basel die Gesandten der Eidgenossen, König Maximilians, Frankreichs sowie des Herzogs von Mailand zu Friedensverhandlungen. Diese verliefen zuerst harzig. Erst am 22. September 1499 schlossen das Heilige Römische Reich und die Eidgenossen im Engelhof am Nadelberg 4 einen Friedensvertrag ab. Dies war das offizielle Ende des Schwabenkrieges.

13–17   *St. Jakobs-Denkmal, geschaffen*
         1871 / 72 von Ferdinand Schlöth.

Die Gründung der Universität Basel durch Papst Pius II.

Einen Markstein im Geistesleben der Stadt setzte 1460 die Gründung der Universität, die im Laufe der Jahrhunderte grosse Gelehrte anzog und Basel zu einem Zentrum der frühen Buchdruckerkunst und des Humanismus machte. Als der eigentliche «Stifter» der Basler Universität erscheint Papst Pius II. Sein Name überschattet aber die Namen jener Basler, denen das wirkliche Verdienst zukommt, die Universität ins Leben gerufen zu haben. Basel verdankt seine Hochschule einzig einem kleinen Kreis gebildeter Männer seiner Oberschicht. Am besten kennt man noch Heinrich von Beinheim, einen Elsässer, dem 1437 das Basler Bürgerrecht geschenkt wurde.

Am 4. April 1460 wurde die Basler Hochschule mit einer Feier im Münster eröffnet. Bischof Johann V. von Venningen ernannte den knieenden Dompropst Georg von Andlau zum ersten Rektor und reichte dem Altbürgermeister Hans von Flachsland die Stiftungsurkunde des Papstes dar. Schon am Tag nach der Feier begannen die Vorlesungen. Die Universität besass vier Fakultäten: die Theologie, die Jurisprudenz, die Medizin und die Fakultät der «Artes liberales», der «Freien Künste», mit ihrem Kanon der sieben Fächer Grammatik, Rhetorik, Dialektik, Arithmetik, Geometrie, Astronomie und Musik. Die «Artes liberales» übermittelten einführende Vorkenntnisse für die höheren Fakultäten der Theologie, Jurisprudenz und Medizin. Sie bildeten in Basel bis 1818 die Grundlage des Lehrbetriebes.

Es muss in Basels Art etwas gelegen haben, was diese Stadt zu dem Wagnis anspornte, eine Universität zu gründen, und zu der Leistung befähigte, diese gegen alle Unbilden der Zeit während über ein halbes Jahrtausend zu schützen sowie mit immer neuen Aufwendungen zu fördern. Eine wirtschaftlich gehobene, weltoffene Bürgerschaft strebte über die materielle Wohlfahrt hinaus nach der Befriedigung geistiger Interessen. Hier wurden und werden die zur Pflege der Wissenschaft nötigen Mittel nicht allein vom Staate, sondern auch freiwillig von Privaten aufgebracht. In einem «Zustandsbericht» zeigt Rektor Ulrich Gäbler in seiner Rede an der Jahresfeier der Universität am 30. November 2001, «dass der Wandel konstant geworden ist. Die Reform der neunziger Jahre des 20. Jahrhunderts hat einen Prozess in Gang gebracht, der weiterlaufen wird… Die schnelle Veränderung des Wissens verlangt nicht nur von den Einzelnen lebenslanges Lernen, sondern ebenso von der Institution, deren zentrale Aufgabe es ist, sich des Wissens anzunehmen… Die Universität muss den Blick auf das richten, was ihre Identität ausmacht. Neue Aufgaben, neue Dimensionen des Wissens können nur dann bewältigt werden, wenn diese im Bewusstsein der Verantwortung für das ‹Ganze› angegangen werden. An der Art und Weise, wie die Angehörigen der Universität, insbesondere Lehrende und Forschende, diese Verantwortung wahrnehmen, wird sich langfristig die Qualität der Universität Basel entscheiden».

Die Aufnahme Basels in den Ewigen Bund der Eidgenossen

Basels Aufnahme in den Ewigen Bund der Eidgenossen ist durch den Schwabenkrieg von 1499 zwischen den Eidgenossen und dem Reich beschleunigt worden. Die Stadt Basel verhielt sich damals neutral, was mit ein Grund dafür war, dass in ihren Mauern jene entscheidenden Verhandlungen stattfanden, die am 22. September 1499 mit einem allgemeinen Friedensvertrag abgeschlossen werden sollten. Dieser Krieg wäre wohl letztlich vermeidbar gewesen, wenn er nicht Teil eines viel grösseren, gewissermassen europäischen Konfliktes geworden wäre: Kaiser Maximilian, Oberhaupt des Heiligen Römischen Reiches, war über die Eidgenossen verärgert, weil sie sich der von ihm verkündeten Reichsreform nicht anschliessen wollten. Es waren aber dann vor allem die unsicheren Verhältnisse nach 1499, die Basel bewogen, sich in den Schutz und Schirm der Eidgenossen zu begeben. Am Heinrichstag, dem 13. Juli 1501, wurde der Bund zwischen Basel und den Eidgenossen auf dem Basler Kornmarkt – dem heutigen Marktplatz – feierlich beschworen. Unterzeichnet und besiegelt worden ist der Bund Basels mit den Eidgenossen aber am 9. Juni 1501 in Luzern. Der Bundesbrief hängt heute im Regierungsratssaal des Basler Rathauses und im Sitzungssaal der Regierung in Liestal.

Der Basler Bundesbrief vom 9. Juni 1501

Geschrieben wurden die elf Bundesbriefe und die zwei Handexemplare vom Luzerner Stadtschreiber, dem der Rat von Basel dafür 180 Goldgulden verehrte. Dieser Betrag stellte fast das dreifache Jahresgehalt des höchst bezahlten Basler Beamten, des Stadtschreibers, dar. Der Basler Bundesbrief ist der längste aller eidgenössischen Bundesbriefe. Die damaligen Verfasser standen nämlich vor einer schwierigen Aufgabe. Sie mussten zwischen einem «Wir» aller eidgenössischen Orte sowie den einzelnen Obrigkeiten der zehn Orte unterscheiden, während der Basler Rat verpflichtet war, einerseits die Gesamtheit der ihm unterstellten Bevölkerung, andererseits Einzelpersonen zu berücksichtigen. Diesen heiklen Ausgleich zwischen privaten und öffentlichen Anliegen meistert der Vertragstext in einer Weise, die bis heute beeindruckt.

Diejenigen Personen, die das Vertragswerk einrichteten, schätzten die Situation offensichtlich nüchtern ein, indem sie einerseits mit bewaffneten Konflikten rechneten, andererseits wussten, dass beidseitige Interessen am ehesten friedliche Zustände garantieren. Deshalb wird in den einzelnen Artikeln das Verhalten bei Auseinandersetzungen mit Hilfe von Schiedsgerichten geregelt, gleichzeitig aber die wirtschaftliche Zusammenarbeit zwischen Basel und den zehn Orten geklärt. Basel, die Drehscheibe zum Oberrhein, erhält damit im Gegensatz zur übrigen Eidgenossenschaft eine besondere Aufgabe: Die Stadt mit ihrem Umland bildet so etwas wie eine dritte Dimension, die zwischen zwei verschiedenen Räumen vermittelt und den Austausch fördert. Basel als Verbindungsglied zwischen Mittelland und Oberrhein wird damit gleichsam zu einem Medium.

Das äussere Charakteristikum des Briefes ist die Urkunden-Handschrift des ausgehenden Mittelalters. Nur Handschriften-Spezialisten können den Text «ab Blatt» lesen. Nicht minder kompliziert ist die im Vertrag benutzte Sprache, eine Art «Beamten-Mittelhochdeutsch», das äusserst schwer zu verstehen ist. Claudius Sieber-Lehmann und Erwin Bezler haben den Brief zum Bundesjubiläum 2001 in die gegenwärtige Sprache übersetzt. In einer handlichen Broschüre ist die «alte» und die «neue» Version synoptisch dargestellt.

Basel wird Zentrum der Region

1777 gründete Isaak Iselin die «Gesellschaft zur Aufmunterung und Beförderung des Guten und Gemeinnützigen Basel». 1798 brachte Peter Ochs die Schweiz unter den Einfluss der französischen Revolutionsideen, doch die Helvetische Republik, der auch Basel angehörte, hatte nur kurzen Bestand. 1833 trennten sich Stadt und Landschaft nach kriegerischen Auseinandersetzungen, und der bis dahin gemeinsame Kanton wurde in die beiden heute noch bestehenden Halbkantone geteilt. Für Basel brachte die mit der Trennung vorgenommene Teilung des Kantonsgutes eine Finanzkrise, die man aber mit Gemeinsinn meisterte. Dadurch entwickelte sich die Stadt zu einem eigenen kleinen Staatswesen mit ausgeprägten Besonderheiten.

Um die Mitte des 19. Jahrhunderts brach das technische Zeitalter an: 1844 wurde Basel an die Eisenbahn aus dem Elsass durch ein eigens dafür in die Stadtmauer gebrochenes Eisenbahntor angeschlossen, und ein Jahr später wurde die erste Briefmarke mit dem anmutigen Basler Täubchen gedruckt. Ab 1852 brach man die Stadtmauern nieder und legte in ihrem Vorfeld neue Quartiere an, die Basel bis zum Ende des Jahrhunderts fast bis zur heutigen Ausdehnung wachsen liessen. An die Stelle der den Reichtum der Stadt seit Jahrhunderten begründenden Seidenbandweberei trat allmählich die aus Färbereien entstandene chemisch-pharmazeutische Industrie, die heute für Basel der wichtigste Wirtschaftsfaktor ist. Der Ausbau der Verkehrswege verlief in Stufen: ab 1906 der Bau der Hafenanlagen, ab 1946 die Anlage des Flughafens Basel-Mulhouse-Freiburg und ab den sechziger Jahren der Anschluss an das deutsche und schweizerische Autobahnnetz. Das Wachstum machte an der Stadtgrenze nicht Halt. Heute ist Basel das Zentrum einer Region mit über 700 000 Bewohnern.

Die Polarität von Geld und Geist

Basel ist eine europäische Stadt – aber keineswegs nur in wirtschaftlicher Hinsicht. Es gilt hier, einen herausragenden Aspekt des «Sonderfalles Basel» festzuhalten. Es ist dies die Polarität von Geld und Geist. Von ihr geprägt, lebte Basel seit dem Mittelalter als Handels-, Gewerbe- und Industriesiedlung einerseits, Bischofssitz, Humanisten- und Universitätsstadt andererseits. An die einstige Bischofsherrschaft erinnert noch der schwarze Baselstab im weissen Feld des Stadtwappens.

Dem Ausländer und oft genug auch dem Schweizer fällt, wenn er von Basel hört, zunächst das Geld ein. Noch bis ins 20. Jahrhundert hinein war Basel der bedeutendste Finanzplatz der Schweiz; und in die zweite Hälfte des 19. Jahrhunderts zurück reichen die Anfänge der schliesslich weltweit erfolgreichen Chemie- und Pharmafirmen Sandoz, Ciba, Geigy, Hoffmann-La Roche und Lonza. In Basel hat die Schweizerische Bankiervereinigung ihren Sitz. Hier befindet sich die Bank für Internationalen Zahlungsausgleich in ihrem unübersehbaren Turm am Centralbahnplatz, einer architektonischen Schöpfung des Basler Architekten Martin Burckhardt, und neuerdings auch im Botta-Gebäude am Aeschenplatz. Als internationales Finanzinstitut besonderer Art hat sich die Eurofima, die Europäische Gesellschaft für die Finanzierung von Eisenbahnmaterial, in Basel etabliert.

Die wechselvolle Bedeutung Basels als Finanzzentrum

Seit dem späten Mittelalter entwickelte sich Basel zu einem Zentrum der Kapitalbildung und Kapitalvermittlung in einem Umkreis, der bis in die Ostschweiz und über die Schweizer Grenzen hinaus nach Süddeutschland bis Karlsruhe und Stuttgart und nach Ostfrankreich bis Besançon, Lyon, Strassburg und Nancy reichte.

Während des Basler Konzils (1431–1448) – das einen Höhepunkt in der Basler Geschichte des Spätmittelalters bildete, indem sich Kirchenfürsten und weltliche Potentaten ganz Europas in der Rheinstadt versammelten und eine Nachfrage auslösten, der Handel und Handwerk kaum genügen konnten – kamen zahlreiche ausländische Wechsler nach Basel. Auch Cosimo Medici unterhielt hier eine Filiale, welche die Geldgeschäfte des Konzils besorgte. Bereits 1470 stellte sich die Frage der Errichtung einer städtischen Wechselbank, «Stadtwechsel» genannt, die 1503 endgültig beschlossen wurde. Neben seiner Hauptfunktion, dem Geldwechsel, sollte der «Stadtwechsel» auch Handel mit ungemünztem Edelmetall treiben sowie Depositen annehmen können. 1533 wurde der Geldwechsel vollständig verstaatlicht. So entstand ein öffentliches Unternehmen.

Infolge seines Monopolcharakters begegnete der «Stadtwechsel» jedoch so starker Opposition, dass er 1746, im Anschluss an einige unglückliche Kreditoperationen, aufgehoben werden musste. An seine Stelle traten in verhältnismässig kurzer Zeit zahlreiche und zum Teil recht kapitalkräftige Privatbanken: 1785 Felix Battier & Ehinger, 1787 die heutige La Roche & Co und 1813 die heutige Dreyfus Söhne & Cie AG. 1854 schloss sich ein Konsortium von sechs Basler Bankhäusern zusammen, um gemeinsame Anleiheprojekte zu realisieren. 1872 wurde die Firma als Basler Bankverein in das Handelsregister eingetragen. Ab 1897 nannte sich die Bank «Schweizerischer Bankverein». 1998 fusionierte das Unternehmen mit der Schweizerischen Bankgesellschaft und tritt heute als UBS auf.

In den über 200 Jahren seit den ersten Bankgründungen sind in Basel um die 110 Bankinstitute errichtet worden. Davon sind im Laufe der Zeit allerdings über 70 Firmen infolge Übernahmen durch andere Banken sowie durch Ausscheiden wegen Konkurses, Nachlasses und Liquidation von der Bildfläche wieder verschwunden. Kann man heute, im Zeitalter der Globalisierung der Finanzmärkte, wenn die Grenzen zwischen den verschiedenen Finanzmarktsegmenten immer durchlässiger werden, überhaupt noch von einem «lokalen» Finanzplatz Basel sprechen? Basel hat seine einst führende Rolle als Bank- und Finanzplatz wohl verloren, nimmt aber neben Zürich, Genf und Lugano im schweizerischen Bank-, Versicherungs- und Treuhandwesen doch nach wie vor eine hervorragende Stellung ein.

Die Ausstrahlung der Basler Chemie

Nördlich von Voltastrasse und Dreirosenbrücke ragen die hohen Getreidesilos des Rheinhafens St. Johann (1906–1911, 1935 erweitert) zum Himmel. Westlich an diesen grenzt der Pharmagigant Novartis, die frühere Sandoz, 1886 von Edouard Sandoz (Kaufmann) und Alfred Kern (Chemiker) als Farbenfabrik gegründet. Neben den einst Grundlage der Produktion bildenden Farbstoffen wurden später vor allem Arzneimittel, Pflanzenschutzmittel und Nährmittel hergestellt. Bei den Medikamenten herrschen Herz-Kreislauf-Mittel und Psychopharmaka vor. Das Areal nördlich der Dreirosenbrücke wird heute vom Werk Klybeck der Novartis, der einstigen Ciba-Geigy, beherrscht, die 1970 durch den Zusammenschluss von Ciba und J. R. Geigy entstand.

Die eigentliche Ausgangsbasis für die chemische Industrie in Basel war die Erfindung von Teerfarbstoffen um die Mitte des 19. Jahrhunderts. Die Ciba entwickelte sich aus einer kleineren Seidenfärberei. Mehr als ein Jahrhundert früher beginnt die Geschichte der Geigy als Handelshaus. Im Jahre 1996 fusionierten Sandoz und Ciba zur Novartis. Anders als die meisten Fusionen und Akquisitionen erfolgte die Gründung von Novartis aus einer Position der Stärke. Der Zusammenschluss hatte zum Ziel, nicht primär Kostensynergien, sondern eine verbesserte Konkurrenzfähigkeit und damit beschleunigtes Wachstum zu erreichen.

Etwas ostwärts ist der Pharmakonzern F. Hoffmann-La Roche AG ansässig. 1896 von Fritz Hoffmann-La Roche (1868–1920) gegründet, entwickelte sich die heute kurz «Roche» genannte Gesellschaft zu einem bedeutenden Pharmahersteller. Heute stellt Roche hauptsächlich Arzneimittel her, sodann Vitamine und andere biologische Feinchemikalien sowie Riechstoffe und Aromen, diagnostische Chemikalien, kosmetische Produkte und einige wenige spezielle Agrochemikalien.

Basel scheint nicht aufhören zu wollen, Stadt der Pharma-Superlative zu sein. Die Basler Chemie hat es im Laufe ihrer Geschichte immer wieder geschafft, sich den wandelnden Märkten anzupassen und sich so zu transformieren, dass sie selbst wiederum einen prägenden Einfluss auf die Gestaltung der Märkte und der regionalen Standortbedingungen ausüben konnte. Trotz Verlagerungen dürfte die Region Basel mit ihren guten Bedingungen für die Hauptsitzfunktion der wichtigste Standort dieser Firmen bleiben, für Novartis, Roche, Clariant, Ciba SC, Syngenta und Vantico. Die Basler Chemie besteht freilich nicht nur aus diesen sechs Grossen. Die jüngste Erfolgsgeschichte liefert der Peptidlieferant Bachem in Bubendorf, der im Jahre 2001 das Jubiläum seines 30-jährigen Bestehens feierte. In Pratteln hat sich Rohner vom Farbstoff- zum Feinchemikalienhersteller gewandelt. In Münchenstein versucht sich Van Baerle als Chemikalienproduzent zu konsolidieren. In solider Verfassung befinden sich die Generikahersteller Mepha und Pentapharm in Aesch. Von Therwil aus arbeitet die Permamed-Gruppe. In Arlesheim befindet sich die Pharmafirma Lipomed. In Allschwil will das junge Biopharma-Unternehmen Actelion zur Weltspitze der Biotech-Firmen aufsteigen. Actelion hat Erfolg versprechende neuartige Substanzen gegen Herzschwäche entwickelt.

Nicht so sicher ist man sich allerdings darüber, ob in der Region Basel eine eigenständige starke Biotechnologie-Industrie entstehen kann. Bis vor kurzem gab es ausserhalb der Chemiekonzerne niemanden, der einen Kommerzialisierungsweg wissenschaftlichen und technischen Wissens beschreiten wollte, der demjenigen etwa in Kalifornien vergleichbar wäre. Die Biotechnologie in Kalifornien ist sowohl Ergebnis spezifischer regionaler Entwicklungspfade als auch massiver Kapitalinputs von aussen. Zugleich hat sich in der Region Basel keine eigene Biotech-Industrie entwickeln können, weil die bedeutende und traditionsreiche chemisch-pharmazeutische Industrie durch ihre Dominanz alternative Entwicklungspfade versperrte. Die Basler Konzerne haben hingegen grosse Summen in die Biotechnologie in den USA investiert und damit massgeblich zum Biotechboom in Boston, in der Bay Area und in San Diego beigetragen.

Die Pharmaindustrie hat in der Vergangenheit immer wieder bewiesen, dass sie im Stande ist, Innovationen aus eigener Kraft hervorzubringen. In den letzten Jahren ist ihr der Schwung aber sicherlich etwas abhanden gekommen.

20   *Fassade des Gebäudes der Firma Hoffmann-La Roche an der Grenzacherstrasse.*

21–22 Teilansicht des Gebäudes der Novartis
am Unteren Rheinweg.

Geistiges Leben

Wer es unternimmt, die Stadt Basel von innen zu betrachten, der lernt allmählich ihren Geist und Witz und schliesslich ihre Geschichte kennen. Er entdeckt, dass Basel nicht zufällig sich der ältesten Universität in der Schweiz rühmt, und er erfährt, wie lebendig die grosse Zeit des Humanismus geblieben ist, der um 1500 eine so grosse Rolle gespielt hat und dessen Hauptvertreter Erasmus und Holbein den Namen dieser Stadt in die weite Welt getragen haben. Wie immer man den Humanismus näher bestimmt – als Vorstufe, als literarischen Teilaspekt, als das eigentliche geistige Klima der Renaissance –, er bildete den geistigen Charakter Basels aus. Im 19. Jahrhundert erlebte er als «Renaissance der Renaissance» mit dem Wirken der Persönlichkeiten Jacob Burckhardts, Bachofens, Nietzsches, Spittelers und Böcklins eine zweite Hochblüte. Der Basler Humanismus war von Anbeginn an und blieb betont ethisch-christlich-religiös. Worauf es den Baslern vor allem ankam, das war die Mehrung, Ausweitung und Vertiefung des Wissens, der Wissensdrang. Der Sonderfall Basel wird so dem Neugierigen, je tiefer er in das Wesen der Stadt eindringt, greifbar und verständlich.

Basel ist eine alte Stadt. Vor mehr als zwei Jahrtausenden haben sich hier Kelten angesiedelt. Am eindrücklichsten ist aber die Hinterlassenschaft des Römischen Reiches. Die Römerstadt Augusta Raurica gilt als die Wiege Basels. Ursprünglich war auf dem heutigen Münsterhügel «auf Burg» ein Kastell als Aussenposten der Wehranlagen von Augusta Raurica angelegt worden. Einige Forscher sind der Meinung, dass die munatische Kolonie nicht in Augst, sondern in Basel, an der Stelle des Rauriker-Oppidums, auf dem Münsterhügel gegründet worden sei.

Als mittelalterliche Weltstadt ist Basel bezeichnet worden, in Erinnerung an die Jahrhunderte der Kaiserbesuche und das in diesem «Mittelpunkt der Christenheit» von 1431 bis 1448 abgehaltene Konzil. Das Kirchenkonzil verschaffte der Stadt eine vorher nicht geahnte Prosperität. Im Jahre 1501 schloss sich die Stadtrepublik dem eidgenössischen Bund an. «Hie Basel, hie Schweizer Boden» – mit diesen Worten wurden die eidgenössischen Delegierten bei ihrem Einzug in die eidgenössisch gewordene Stadt begrüsst.

1648 erwirkte der Basler Bürgermeister Johann Rudolf Wettstein auf dem Westfälischen Friedenskongress in Münster die völkerrechtliche Anerkennung der Eidgenossenschaft, die erste schriftliche Garantie der Grossmächte, dass Basel und die übrigen Eidgenossen frei und vom Heiligen Römischen Reich deutscher Nation unabhängig sein sollten. Nach Basels «goldener Zeit» im 16. Jahrhundert, da hier Kunst und Wissenschaft auf ihrem Höhepunkt waren, strahlte im Zusammenhang mit der Universität geistiges Leben immer weit über die Mauern der Stadt hinaus. Dafür zeugen die Mathematiker der Dynastie Bernoulli und Euler, der Anatom und Chirurg Andreas Vesalius und Paracelsus; im 19. Jahrhundert der an der Universität lehrende Philosoph Friedrich Nietzsche, der Erforscher des Mutterrechts Johann Jakob Bachofen und überragend der Kunst- und Kulturhistoriker Jacob Burckhardt; im 20. Jahrhundert der Theologe Karl Barth, der Philosoph Karl Jaspers, der Biologe Adolf Portmann und der Psychoanalytiker Carl Gustav Jung.

Heynlin von Stein de Lapide – der erste Dekan der Universität Basel

Die hervorragendste Persönlichkeit der ersten Humanistengeneration der Universität ist der Magister der freien Künste Heynlin von Stein de Lapide, ein Schwabe, der von der Pariser Sorbonne kam und 1464 in die Artistenfakultät aufgenommen wurde. Heynlin von Stein war 1430 geboren und studierte zuerst in Leipzig, dann in Löwen, endlich in Paris und wurde dort Realist. Anno 1465 wurde er zum ersten Dekan der Artistenfakultät der Universität Basel gewählt. Ab 1467 hielt er sich wieder in Paris auf, wurde dort «Notarius publicus» und 1469 sogar Rektor der Universität. Im Jahre 1473 beteiligte er sich am grossen Schlag gegen den Nominalismus, als Ludwig XI. diese Richtung der Scholastik in ganz Frankreich verbot. Er starb 1496 in Basel.

Erasmus von Rotterdam und Basel

Erasmus von Rotterdam (1466–1536) hatte bereits die Mitte des fünften Jahrzehnts überschritten, als ihn sein Weg im August 1514, von England kommend, erstmals nach Basel führte. Als Gast des Druckers Johannes Froben nahm Erasmus an der Tätigkeit der Offizin im «Sessel» am Totengässlein, dem heutigen Sitz des Pharmaziehistorischen Museums, lebhaften Anteil. Hier machte er sich vor allem an die grosse Aufgabe der ersten Edition des Neuen Testamentes im griechischen Urtext, die als seine grösste wissenschaftliche Leistung bezeichnet worden ist. 1516 erschien das Epoche machende Werk, durch das die Kirchenreformation wirksam vorbereitet wurde. Im Mai desselben Jahres verliess Erasmus Basel; doch erschien er hier 1518 für fünf Monate von neuem, da die zweite Ausgabe des Neuen Testamentes und weitere Editionen von Kirchenvätern seine Anwesenheit erforderten.

Bedeutsam wurde dann der dritte Aufenthalt in Basel, der Erasmus vom Winteranfang 1521 bis im Sommer 1529 festhielt. «Hier bin ich daheim», erklärte er seinen Freunden. Zunächst nahm er wiederum im «Sessel» Quartier. Dort verbrachte er zehn Monate, wofür er seinem Gastgeber 150 Gulden bezahlte. Im Herbst 1522 erfüllte sich dann sein Wunsch nach einem eigenen Haushalt. Er bezog das Haus «zur alten Treu» am Nadelberg 17, das Froben für ihn erworben hatte. In der «alten Treu» verbrachte Erasmus als Pater familias, inmitten junger Männer, wohl die ruhigsten Jahre seines bewegten Lebens. In diesem Haus hat ihn auch Hans Holbein d. J. aufgesucht, um den Entwurf für die berühmten Bilder des «Schreibenden Erasmus» anzufertigen. Eines der Bilder hängt im Kunstmuseum Basel. Mit wachsender Sorge erfüllte Erasmus indessen die vorwärts drängende Reformation. Nach ihrem Durchbruch im Jahre 1529 verliess Erasmus Basel und siedelte ins benachbarte Freiburg im Breisgau über. Von dort zog es ihn im Frühjahr 1535 nochmals nach Basel, wo sich die konfessionellen Streitigkeiten inzwischen gelegt hatten. Hieronymus Froben bot ihm seine Gastfreundschaft im Haus «zum Luft» an der

Bäumleingasse an. Als Erasmus hier einzog, war er ein alternder, von Gicht und Nierensteinen geplagter Mann. Nur der Burgunderwein, schrieb er, vermöge sein Leiden noch zu lindern. In der Nacht vom 11. zum 12. Juli 1536 ist Erasmus gestorben. Als das Ende kam – berichtet ein Zeitgenosse – hörte man Erasmus auf Lateinisch flüstern: «O Jesu, erbarme dich. Herr, mach' mich frei. Herr, mach' ein Ende. Herr erbarme Dich meiner.» Und auf Holländisch: «Lieve God.» Erasmus setzte als Erben Bonifacius Amerbach ein und als Testamentsvollstrecker Hieronymus Froben und Nicolaus Episcopius.

Die wissenschaftlichen Hauptleistungen des Erasmus sind die Ausgaben des griechischen Urtextes des Neuen Testamentes und der Werke des Hieronymus, Augustinus, Cyprians, des Ambrosius, des Chrysostomus und Tertullians, Senecas und Suetons, seine Streitschrift gegen Luther und seine gesammelten kleinen Schriften (Parerga): die Adagien, das Enchiridion (kurz gefasstes Handbuch), die Colloquien und das «Lob der Torheit», sein genialstes Werk. Durch seine Bücher und seine Korrespondenz übte Erasmus auf alle an den Bestrebungen des Humanismus und an der Regeneration des religiösen Lebens Interessierten einen inspirierenden Einfluss aus.

Albrecht Dürer, der Maler und Humanist

Albrecht Dürer (1471–1528) lebte als Maler und Humanist in Nürnberg. Sein Aufenthalt in Basel dauerte nur kurze Zeit und ist nicht durch ein Aktenstück belegt. Dürer ist der bedeutendste deutsche Künstler in der Übergangszeit zwischen Spätgotik und Renaissance. Als Maler war er stark von den Brüdern Bellini beeinflusst. Zu den berühmtesten Tafelbildern gehören «Das Rosenkranzfest», «Das Allerheiligenbild», der «Paumgartner-Altar», «Die Vier Apostel» sowie das «Selbstbildnis». Von seinen weit verbreiteten Druckgrafiken verdient der meisterhafte Kupferstich «Erasmus von Rotterdam» (1526) besondere Beachtung.

Johannes Oekolampad und die Reformation in Basel

1501 trat Basel der Eidgenossenschaft bei und baute sich von 1504 bis 1514 in stolzem Selbstgefühl am Marktplatz ein neues Rathaus. 1513 kaufte die Stadt das Dorf Bettingen, 1522 das Dorf Riehen. 1529 führte Johannes Oekolampad (1482–1531) die Reformation in der Stadt ein. Oekolampad, Sohn eines Schwaben aus Weinsberg und einer Basler Mutter, war Humanist und Doktor der Theologie. Er kam 1522 als stellenloser Flüchtling nach Basel. Hier wirkte er als Professor der Theologie und Gemeindepfarrer von St. Martin und später am Münster. Oekolampad war theologisch selbstständig, neigte aber eher dem Zürcher Reformator Zwingli als Luther zu. Er starb im gleichen Jahr wie Zwingli.

Die am 1. April 1529 entstandene Basler Reformationsordnung reglementierte das ganze religiöse und sittliche Verhalten der damaligen Zeit. Sie war zum Teil ein Werk von Oekolampad, aber auch der staatlichen Behörden. Die Reformationsordnung machte deutlich, dass der Staat an die Stelle der alten kirchlichen Hierarchie getreten war und dass die weltliche Obrigkeit auch in religiösen Fragen das letzte Wort hatte. 1534 arbeitete Oswald Myconius (1488–1552), Nachfolger Oekolampads als Antistes und Professor der Theologie, das Basler Bekenntnis aus, eine auf wesentliche Glaubensfragen konzentrierte verbindliche Zusammenfassung des offiziellen Bibelverständnisses. Mit diesem Dokument zog Basel offiziell einen Schlussstrich unter die Umgestaltung der Kirche.

Der durch die Reformation in Basel im Jahre 1529 heraufbeschworene Bildersturm zerstörte in den Kirchen viele Kunstwerke. Der Bischof verlegte seine Residenz endgültig in den Juraort Pruntrut, 1828 dann nach Solothurn. Aufnahme in Basel fanden zwischen 1540 und 1640 die aus ihrer französischen, italienischen oder niederländischen Heimat vertriebenen Protestanten, sofern sie vermögend oder kunstfertig waren. Die Glaubensflüchtlinge führten die Seidenbandweberei sowie die Stofffärberei ein, die der Stadt später Reichtum brachten.

23 Johannes Oekolampad – Sandsteinfigur
   an der Rittergasse neben dem Münster.
   Statue des Zuger Bildhauers Ludwig Keise
   aus dem Jahre 1862.

59

Hans Holbein der Jüngere

Hans Holbein d. J. ist 1497 in Augsburg geboren und 1543 in London gestorben. Er war Maler und Zeichner. In den Jahren 1514 bis 1526 und wieder von 1528 bis 1531 lebte er in Basel, insgesamt also während 15 Jahren. Ab 1536 war Holbein Hofmaler des englischen Königs Heinrich VIII. Sein Bild des toten Christus (1522) hängt im Basler Kunstmuseum. In Basel malte Holbein unter anderem das berühmte Bildnis seiner Frau mit den beiden älteren Kindern. Als 1521 der rückwärtige Teil des 1504 von der Stadt Basel beschlossenen Baus des neuen Rathauses fertig gestellt war, wurde Holbein mit der Ausmalung des Ratssaales beauftragt. Noch 1543, nach zehnjährigem Wirken in England, bezeichnete er sich in einem signierten Selbstbildnis als «Ioannes Holpenius Basiliensis», als Bürger von Basel.

Der Basler Bürgermeister Johann Rudolf Wettstein

Im Westfälischen Frieden von 1648 erreichte der Basler Bürgermeister Johann Rudolf Wettstein (1594–1666) die formelle Unabhängigkeit der Eidgenossenschaft vom Heiligen Römischen Reich deutscher Nation. Wettstein war der Sohn eines aus Russikon zugewanderten Zürchers, der 1579 ins Basler Bürgerrecht aufgenommen wurde. Vorerst Landvogt von Farnsburg und Riehen, erreichte Wettstein 1645 das Amt des Bürgermeisters, das er bis zu seinem Tode ausübte. In Basel machte er sich um das kulturelle Erbe verdient, indem er Holbein-Bilder sowie die Amerbachsche Sammlung und Bibliothek für die Stadt erwarb.

An Wettstein erinnern der Brückenname, eine Brunnenskulptur von Alexander Zschokke, ein Trinkgefäss im Historischen Museum, Porträts sowie ein barockes Epitaph im Münsterkreuzgang.

Johann Jakob Bachofens Mutterrecht

Niemand vor Johann Jakob Bachofen (1815–1887) und niemand unter seinen Zeitgenossen hat es so klar gesehen, so tief empfunden und so überzeugend ausgesprochen wie er, dass die politische Geschichte in ihren elementaren Grundkräften und in ihren letzten Ausdrucksformen nicht aus sich selbst erklärlich ist. Sie kann nur im Zusammenhang mit der Kulturgeschichte und namentlich mit der Geschichte der Religion und des philosophischen Denkens begründet und verstanden werden.

Bachofens Idee, wie Mutterrecht und Urreligion zusammenhängen, ist denkbar einfach: Mutterrecht wächst sozusagen organisch aus der Natur menschlichen Lebens, und Muttergottheiten repräsentieren das Mutterrecht im Kosmos. Von allen Berichten, welche über das Dasein und die inneren Anlagen des Mutterrechts Zeugnis ablegen, sind die auf das lykische Volk bezüglichen die klarsten und wertvollsten. Die Lykier, berichtet Herodot, benannten ihre Kinder nicht wie die Hellenen nach den Vätern, sondern ausschliesslich nach den Müttern, hoben in allen genealogischen Angaben nur die mütterliche Ahnenreihe hervor und beurteilten den Stand der Kinder ausschliesslich nach dem der Mutter. Die Faszination, die von Bachofens Thesen zum Mutterrecht ausgeht, liegt neben dem aktuellen Zeitbezug in der Tatsache begründet, dass hier in glanzvoller Weise ein Jahrhundertthema formuliert wird. Bachofens Anregungen für die Erforschung der symbolische Sprache reichen bis in die heutige Zeit.

Jacob Burckhardts Kulturgeschichte

Das Studium der Kunstwerke führte Jacob Burckhardt (1818–1897) zur Erforschung und Darstellung der Kulturgeschichte. Kultur, wie er sie sah und beschrieb, umfasste nicht nur Kunstschöpfungen, sondern alle Lebensformen, auch die Bräuche und namentlich die Gesinnung der menschlichen Gesellschaft einer Zeit. «Kultur nennen wir die ganze Summe derjenigen Entwicklungen des Geistes, welche spontan geschehen und keine universale oder Zwangsgeltung in Anspruch nehmen.» So entstand seine «Cultur der Renaissance in Italien» (1860), ein Meisterwerk der klassischen Historiografie.

Noch mehr Beachtung haben seine «Weltgeschichtlichen Betrachtungen» gefunden. Man hat in Burckhardt einen Propheten entdeckt. Besondere Berühmtheit hat seine Auffassung von der Macht erlangt: sie sei böse. Diese Auffassung von Macht stammt aber nicht von Burckhardt. Sie ist antik. Horaz hat sie in einer seiner Römeroden mit folgenden Worten angedeutet: «Von Weisheit nicht gebändigt, kommt Macht durch eigenes Schwergewicht zu Fall.»

Worauf es Burckhardt ankam, war wesentlich dies: den Glauben zu erwecken, dass die Kunst eine von den grossen Mächten in der Menschheitsgeschichte sei und dass es sich der Mühe lohne, sich dauernd mit ihr zu beschäftigen. Als Geschichtsschreiber der Kunst war Burckhardt vor allem ein Klassizist. Seine erste Liebe gehörte der griechischen Skulptur und der italienischen Malerei klassischen Stils, nicht dem Barock. Seinem Schüler Heinrich Wölfflin redete Burckhardt ins Gewissen: «Was immer Sie studieren werden, sorgen Sie vor allem für Ihre harmonische Ausbildung. Verwenden Sie die Hälfte Ihrer Zeit auf die Lektüre der antiken Schriftsteller. Lesen Sie kein Buch, ohne ein Exzerpt zu machen. Halten Sie sich aber immer in erster Linie an die Quellen, es liegt ein besonderer Segen darauf. Die Hauptsache im Leben ist die Befriedigung des getanen Tagewerks. Man muss sein tägliches Pensum haben, um zufrieden zu sein.»

Burckhardt war nicht ein Mann der Fachliteratur, sondern ein Mann der Quellen. So beruhte schon die erste wissenschaftliche Arbeit des 22-Jährigen über Carl Martell im Seminar des Berliner Professors Leopold von Ranke auf den lateinischen
Quellen des 7. und 8. Jahrhunderts, aus denen Burckhardt kritisch den Stoff nahm, um die verworrenen Zeiten der letzten
Merowinger und den Aufstieg der karolingischen Dynastie zu schildern. Mit seiner zweiten Schrift über Conrad von Hoch-
staden, Erzbischof von Köln, lieferte Burckhardt nichts Geringeres als eine Kulturgeschichte des Rheinlands im 13. Jahrhundert. Auf Grund dieser beiden Arbeiten wurde Burckhardt am 19. Mai 1843 an der Philosophischen Fakultät der Universität Basel zum Dr. phil. promoviert.

24 Basilisk auf dem Kapitell des Augustinerbrunnens am Rheinsprung.
Das Original der Renaissance-Säule wird im Historischen Museum aufbewahrt.

25 Basilisk mit Drachenschwanz, Fledermausflügeln und Hühnerkopf.
Er ziert den Grossbasler Brückenkopf der Wettsteinbrücke.

65

Friedrich Nietzsches vulkanische Geisteskraft

Friedrich Nietzsche (1844–1900) war zehn Jahre seines kurzen Lebens in Basel «beheimatet». Geboren in Rökken bei Lützen, gestorben in Weimar, war der Sohn eines protestantischen Pfarrers von 1869 bis 1879 Professor für griechische Sprache und Literatur an der Universität Basel. Er gehört zu den wohl bedeutendsten und einflussreichsten deutschen Philosophen des 19. Jahrhunderts.

Im Werdegang Nietzsches bildete die Basler Zeit eine entscheidende Wachstumskrise: die Abwendung von der philologischen Wissenschaft. Als Nietzsche im Alter von 24 Jahren nach Basel berufen wurde – Professor, ohne Doktor zu sein –, haben vielleicht nicht einmal seine nächsten Freunde klar gesehen, dass die Professur, die ihnen als ein hohes Lebensziel erschien, für ihren jugendlichen Führer nur eine qualvolle Durchgangsstufe bilden konnte.

Nietzsches vulkanische Geisteskraft wird vornehmlich von irrationalen, geradezu dämonischen Quellen gespiesen. Sein Leben liegt mehr denn je im Dunkeln. Jede Phase konfrontiert uns mit einer Reihe offener Fragen. In den letzten Monaten seines bewussten Lebens ahnte Nietzsche in gewisser Weise seinen kommenden Ruhm voraus: «Ich habe eine erschreckliche Angst davor, dass man mich eines Tages heilig spricht», schreibt er im letzten Kapitel seines «Ecce homo». Er war sich des «Zerfalls der Werte» bewusst.

Nietzsche hatte, wie der Basler Sozialwissenschafter Edgar Salin (1892–1974) sich in seinem Buch über «Jacob Burckhardt und Nietzsche» ausdrückte, «den harten entschleiernden Blick des Sehers», er war «Künder des neuen Menschen» und «Vorbote eines neuen Geistes». Das «Geistergespräch» der beiden Denker sei «darum so unwiederholbar und so erschütternd, weil in ihnen ein später Träger der alten, der Goetheschen Welt und ein früher Rufer der neuen sich begegneten, befreundeten, entfremdeten und weil hierdurch sich im Leben ereignete, was sich jetzt nur im Geist noch nachvollziehen lässt». Nietzsche sei «nach seinem eigenen Bewusstsein, seinen eigenen Worten: ein Verhängnis. Ein Verhängnis für sich, für sein Volk, für Europa und die Welt».

Der Basilisk

Der Basilisk ist ein Fabeltier, ein Mischwesen aus Hahn und Drache. Er ist seit 1450 ein Wappenhalter von Basel. Bereits in der Antike kam dieses Wesen vor. Es galt mit seinem stechenden, tödlichen Blick und dem Gifthauch als Symbol des Teufels und des Todes. Der Basilisk besitzt einen Hahnenkopf, Fledermausflügel und einen Drachenschwanz. Es schlüpft, so glaubte man früher, aus einem Ei, das ein Hahn legt.

Der Basilisk trägt das Wappen der Stadt Basel: einen stilisierten Bischofsstab, schwarz auf weissem Grund. Die Figur des Basilisken mit dem Baslerstab findet man noch da und dort in der Stadt, am Rathaus und auf den kleinen, grünen Brunnen.

«Baseldytsch»

Von ausgeprägter Eigenart ist die Sprache, verschieden nicht nur vom Schriftdeutschen, sondern auch von anderen alemannischen Mundarten und von anderen Schweizer Dialekten. Elsässer Philologen rechnen «Baseldytsch» zu den oberelsässischen Dialekten, während die Gedichte des aus dem badischen Wiesental stammenden, in Basel geborenen Johann Peter Hebel (1760–1826) die Beziehung zur alemannischen Sprache der rechtsrheinischen Nachbarschaft erkennen lassen. Hebel redet in der bildhaften Sprache des Volkes. Er weiss Freud und Leid des Menschen in unvergleichlicher Weise darzustellen. Auch vor Hebel hat es schon alemannische Dichter gegeben. Aber so unmittelbar und treffend wie er hat keiner seine Mundart erfasst, poetisch verklärt und in Humor gebettet und damit das Volksgemüt angesprochen:

«Weisch, wo der Weg zum Mehlfass isch,
zum volle Fass? Im Morgeroth
mit Pflug und Charst dur's Weizefeld,
bis Stern um Stern am Himmel stoht.»

«Weisch, wo der Weg zum Gulden isch?
Er goht de rothe Chrützere no,
und wer nit uffe Chrützer luegt,
der wird zum Gulde schwerli cho.»

«Und wenn de amme Chrützweg stohsch,
und nümme weisch, wo's ane goht,
halt still, und frog di Gwisse z'erst,
's cha dütsch, Gottlob, und folg si'm Roth.»

(«Der Wegweiser. Guter Rath zum Abschied»)

«Dr Vogel Gryff»

Mit dem magisch anmutenden Ausdruck «dr Vogel Gryff» bezeichnen die Kleinbasler ihr höchstes Fest mit dem alljähr-lichen Umzug der «drei Ehrenzeichen» im Januar. Eines dieser Ehrenzeichen ist der «Vogel Gryff», der zwar einen Raub-vogelkopf, jedoch den Körper eines Löwen und vier Füsse hat. Er ist ein gewaltiges Tier und ein sagenhaft schneller Flieger. Er ist auch sehr klug und verfügt über seherische Fähigkeiten. «Dr Vogel Gryff» als solcher aber hat nie wirklich existiert.

Der Brauch ist aus der militärischen Musterung hervorgegangen, welche von den Kleinbasler Gesellschaften durchgeführt wurde. Hierzu mussten alle Männer mit Waffen und Harnisch erscheinen. Nach der Musterung marschierten die Gesell-schaften durch die wichtigsten Strassen Kleinbasels. Ungefähr um die Mitte des 16. Jahrhunderts führte jede Kleinbasler Ge-sellschaft bei diesen militärischen Umzügen erstmals auch den Wappenhalter mit, und diese Wappenhalter sind heute die Hauptakteure des Kleinbasler Volksfestes: der «Vogel Gryff» der Gesellschaft zum Greifen, der «Wild Maa» der Gesellschaft zur Hären und der «Leu» der Gesellschaft zum Rebhaus. Als 1392 Bürgermeister und Rat der Stadt Basel die mindere Stadt zum Preis von 29 800 Gulden dem Bischof von Basel abkauften, waren die drei Gesellschaften bereits organisiert und unterhielten je eine Trinkstube.

Der «Vogel-Gryff»-Tag findet jeweils am 13., 20. oder 27. Januar statt. Schon am frühen Morgen wehen die Fahnen der Klein-basler Ehrengesellschaften am «Vogel-Gryff»-Tag an den Häusern, und aus dem Café Spitz, wo früher das Kleinbasler Rat-haus stand, hüpfen kurz nach neun Uhr die vier «Ueli», Narren im farbgeteilten Kleid mit weisser Larve, auf die Strasse hinaus und sammeln in ihren Büchsen Geld, das armen Kleinbasler Leuten zugute kommt. Etwa um 10.30 Uhr, je nach Wasserstand des Rheins, tritt dann der «Wild Maa» oberhalb der Schwarzwaldbrücke seine von Böllerschüssen begleitete Flossfahrt an. Unter unablässigem Trommelklang vollführt der «Wild Maa» seinen Tanz auf dem Floss nach altüberliefer-tem Ritual, ein entwurzeltes Tännchen drehend und Grossbasel strikt den Rücken zukehrend. Beim Kleinen Klingental, dem ehemaligen Frauenkloster, erwarten ihn «Vogel Gryff» und «Leu». Gemeinsam ziehen sie anschliessend auf die Mittlere Brücke, wo sie Punkt 12 Uhr ihren eindrücklichen Tanz vollführen. Der Einzug in das Bürgerliche Waisenhaus etwa um 12.30 Uhr ist einer der Höhepunkte des Kleinbasler Ehrentages. Die Ehrenzeichen tanzen danach vor den Häusern der Gesellschaftsvorsitzenden. Gegen 15 Uhr geht es zum «Gryffemähli», dem Mittagessen der Drei Ehrengesellschaften, ins Café Spitz. In den Aufzeichnungen der Gesellschaft zum Greifen wird ein «Gryffemähli» erstmals 1685 erwähnt. Das «Gryffemähli» in seiner heutigen Form stammt aus dem 19. Jahrhundert. Besonders feierlich wird es dann am Abend, wenn die «Tiere», begleitet von den Trommlern und Pfeifern der Fasnachtsclique Olympia, durch Kleinbasels Altstadt ziehen. Da weht dann schon ein Hauch von Fasnacht durch die Luft.

29–32 Tanz des «Vogel Gryff» auf der Terrasse des Kleinbasler Restaurants Café Spitz.

72

«D Basler Fasnacht»

Stockdunkle Nacht umhüllt Marktplatz und Gassen. Ungewöhnliche Gestalten tauchen auf. Aus einer offenen Wirtshaustür dringt der würzige Duft von Mehlsuppe. Neugierige Zuschauer stehen lachend um ein hell erleuchtetes Transparent, da eine köstliche Karikatur bewundernd, dort einen träfen Vers lobend. «Morgestraich» nennt der Basler seinen Fasnachtsanfang. «Morgestraich», ein Zauberwort, das auf junges und altes Baslerblut in ungeschwächter Kraft wirkt, ein spukhaftes Treiben und Gebaren voll Licht und Rhythmus, dessen einzigartigem Reiz sich auch der Fremde, den sein Weg zu dieser frühen Stunde nach Basel führt, nicht entziehen kann.

Von Kirchen und Türmen schlägt die vierte Stunde, das Licht geht aus, und auf das Kommando «Achtung! Morgestraich – vorwärts – marrrrsch!» rauscht auf den Trommeln in perlendem Rhythmus der «Morgestraichmarsch», begleitet von den hellen Klängen der Piccolos. Die Basler Fasnacht wahrt ihre schönste Geltung mit der nur Basel eigenen Trommelkunst. Schon im ausgehenden Mittelalter bildeten Trommelschlag und Pfeifenklang einen integrierenden Bestandteil der Basler Fasnacht. Nirgends haben sie sich so eingebürgert wie in Basel. Aus den Gässchen strömen die Cliquen mit ihren prächtigen, farbenfrohen, grossen und kleinen Laternen. Die Laterne, ein magisches Gebilde, ist die Seele des «Morgestraichs». Die Altstadt widerhallt von mächtigem Trommelschlag, bis des Tages Helle das bunte Narrenvolk auseinander scheucht. «Der Morgenstraich», 1925 von Niklaus Stoecklin (1896–1982) meisterhaft in Öl auf Holz festgehalten, widerspiegelt in unnachahmlichem Charme verträumten Basler Fasnachtszauber.

Vom Wesen und Ursprung der Maskenfeste

Von den Resten altheidnischen Glaubens und Kultes, die sich bis in unsere Tage hinein gehalten haben, sind die Masken-feste der bedeutsamste Teil. Unsere umstürzlerische Zeit hat mit ihnen noch ein Erbstück aus fernstem Altertum treulich bewahrt. Wenn auch der ernste Glaube, der diese Formen einst erschuf und erfüllte, längst vergangen ist, so leben in ihnen immer noch ähnliche Wesenskräfte wie in alter Zeit. Gross müssen die Mächte sein, die das Maskenwesen gegen jahrhun-dertelange Verfolgungen der Kirche, Verbote der Obrigkeit sowie Mahnungen und Drohungen eifriger Apostel zu schützen und zu halten vermochten. Das Christentum hat schon früh dagegen angekämpft. Entschlossene Gegner waren die Refor-matoren. Ihre Sittenstrenge hat zum Beispiel das Engadin, den Kanton Bern und Zürich gründlich von den Maskendämo-nen gesäubert. An vielen Orten haben auch Aufklärung und Revolution ihr Vernichtungswerk getan. Übrig geblieben ist ein grosses Trümmerfeld einer einst geschlossenen Altbrauchtumslandschaft. In Europa ragen neben Venedig, Wien und Mün-chen die fränkischen und rheinischen Städte wie Nürnberg, Mainz und Köln als Hochburgen traditionellen Fasnachtsruhms hervor. Die kleineren süddeutschen und schweizerischen Städte bewahren vielfach älteren und echteren Brauch. Die ur-tümlichsten Formen sind in den beiden grossen Rückzugsgebieten zu finden: im schweizerischen und bayrisch-österreichi-schen Alpenland und im skandinavischen Norden.

36   Folgende Doppelseite:
Laternenzauber am «Morgestraich»
auf dem Marktplatz.

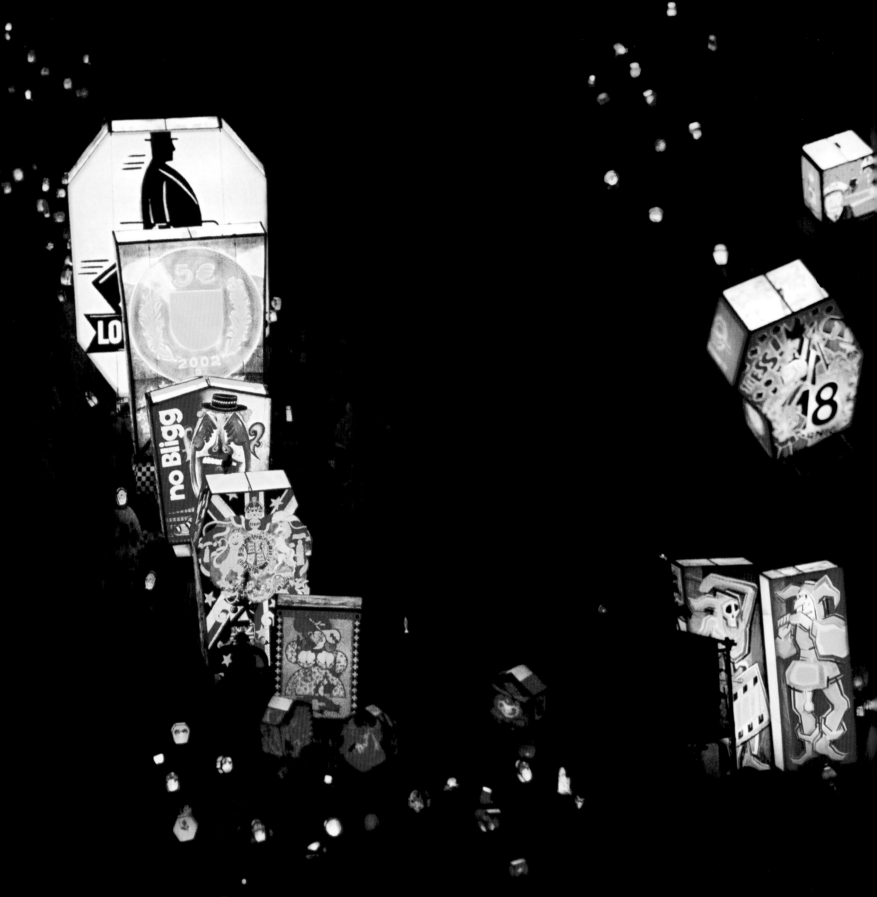

Die mächtigen Wesen aus der Unterwelt

Nicht alle Völker kennen Maskenfeste. Solche fehlen zum Beispiel durchaus bei den Hirtenstämmen Hoch- und Nordasiens und Arabiens. Es scheint, dass sie vor allem Ackerbau treibenden Völkern eigen sind. Die Religion dieser Völker ist beherrscht vom Glauben an die Macht der Toten. Die Toten sind es, die dem Acker Frucht, den Frauen Kindersegen, dem Hause und dem Stamme Glück- und Wohlergehen spenden. Die Toten werden, wenn sie grollen, den Acker verdorren, den Reichtum versiegen, die Kinder sterben lassen. Zu bestimmten Zeiten öffnet sich die Unterwelt, und dann erscheinen die mächtigen Wesen leibhaftig, in sichtbarer Gestalt: beim Tod eines grossen Mannes, bei den Jünglingsweihen, bei den grossen «Allerseelen»-Festen. Dargestellt werden sie nun eben durch Maskenfiguren, Masken von allen erdenklichen Formen. Sie kommen aus dem Unbekannten und verschwinden wieder dorthin nach Ablauf der ihnen zugemessenen Frist. Ihr Schritt ist Tanz, ihre Stimme geisterhaft, und seltsame Geräusche begleiten sie: Schwirrholz, Trommel, Rassel, Flöte und Glockengetön.

Erlebte Geistermacht

Wer steckt in den Masken? Es sind die massgebenden Männer des Stammes, meist in einem geheimen Männerbund organisiert, die unter strenger Wahrung des Maskengeheimnisses oft eine eigentliche Terrorherrschaft über die Stammesglieder minderen Rechts ausüben. Aber nicht alle Maskenspieler sind als raffinierte Betrüger anzusehen. Überall dort, wo der alte Glaube noch nicht verfallen ist, sind sie von der Gegenwärtigkeit und Macht des Totenwesens völlig überzeugt; nur ist ihr Glaube geistiger als der der Zuschauer. Diese erlebte Geistermacht gibt ihnen das Recht und die Sicherheit, sich als unumschränkte Herren zu gebärden.

Harlekin und seine Leute

Auch die Maskenfeste der germanischen Stämme sind in den Grundzügen von gleicher Art gewesen. Sie sind jedoch nicht aus Festen des klassischen Altertums hervorgegangen. Aufs Innigste verknüpft sind sie mit der Sage vom wütenden Heer. Unsere Maskenzüge stellten ursprünglich dies wilde Heer dar. In der ältesten erhaltenen Schilderung des wilden Heers aus der Normandie (um 1100 n. Chr.) heisst der Führer des Zuges «Harlechinus». Sein Name kann heute mit Sicherheit gedeutet werden als «Hariloking», «Heerkönig», der Herr der normannisch-angelsächsischen «Walapauze». Dieser «Hariloking» ist nun aber niemand anders als unser weltberühmter Harlekin, der zierlich tänzelnde Possenreiter der italienischen Commedia dell'arte, der auf abenteuerlichen Wegen aus England und der Normandie über Paris in alle Welt gekommen ist. Die Entwicklung vom gespenstischen Heerkönig zur komischen Figur wird nur verständlich, wenn man annimmt, dass Harlekin und seine Leute von Anfang an nicht nur Fantasiegestalten eines Glaubens, sondern lebendig dargestellte Figuren des Brauchtums gewesen sind, Masken also, von Anfang an nicht nur erhaben, sondern auch lächerlich, wie die Seelenmasken der Primitiven.

Die Verbindung mit Gestalten des christlichen Glaubens

Ursprünglich waren bei uns die Maskenträger, wie bei den Naturvölkern, ausschliesslich Männer, meist Knabenschaften und Männerbünde. Die Frauen sind erst neuerdings und vor allem in den Städten ins Maskenrecht eingerückt. Unsere heidnischen Masken haben sich mehrfach auch mit Gestalten des christlichen Glaubens in eigentümlicher Weise verbunden. Erinnern wir nur an unseren «Santiglaus» mit seinem «Schmutzli», den heiligen Bischof Nikolaus von Myra, an die seltsamen Appenzeller oder die höllisch peitschenknallenden Lenzburger «Kläuse», an die «Sternsinger» und die «Heiligen Drei Könige». In diesen und ähnlichen Gestalten hat das Mittelalter in einer uns naiv und zugleich tiefsinnig anmutenden Weise uralte Mächte der heidnischen Zeit mit den neuen Gewalten des Christentums in friedvoll-heiteren Erscheinungen versöhnt.

«memento vivere» – «gedenke des Lebens»

Was uns an der heutigen Basler Fasnacht als festgeschlossene, eigenartige Tradition entgegentritt, ist das Endglied einer um mehr als sechs Jahrhunderte zurückreichenden Entwicklung, in welcher altheidnische Frühlingsbräuche, germanisches und romanisches Wesen sich vermengten, religiösen Vorstellungen sich weltliche Fröhlichkeit zugesellte, alles gedrängt und gesteigert im Hinblick auf die bevorstehenden langen Fasten. Dem kirchlich-düsteren Mahnwort des Aschermittwochs – «memento quod cinis es et in cinerem reverteris» – «Gedenke, dass du Asche bist und wieder Asche wirst» – setzte in spät-mittelalterlicher Zeit das Volk in unhemmbarem Drang die epikureische Losung vom «memento vivere» – «gedenke des Lebens» – gegenüber, welcher in Basel als dem einst «lustigsten» der rheinischen Bistümer bis zum Übermass nachgelebt wurde.

37–42 *Der Cortège findet jeweils am Montag-
und Mittwochnachmittag ab 13.30 Uhr
mit über 10 000 Aktiven statt.*

Die «Böse Fasnacht» von 1376

Im Mittelpunkt mittelalterlicher Fasnachtsfreuden standen die üppigen Gelage der Adligen auf den vornehmen Trinkstuben zur «Mücke» und zum «Seufzen», daneben die Schmausereien der Zünfte. Wer nicht mittat, wurde oft mit Gewalt von seinen Handwerksgenossen zum «Pancquettieren» geschleppt oder musste riskieren, von rohen Gesellen in den nächsten Brunnen geworfen zu werden. Gesinde und Bürgersleute liessen während der Fasnachtstage übermütigster Laune freien Lauf, aber auch Personen von Stand verschmähten nicht, sich in den tollen Trubel zu stürzen.

Der im Jahre 1376 von Fürstenhand inszenierte Fasnachtsscherz hinterliess sogar blutige Spuren. Am 21. Januar 1376 erhielt nämlich Herzog Leopold von Österreich die Reichsvogtei über Basel, die bisher Basler Ritter besessen hatten. Anlässlich eines in übermütiger Fasnachtslaune begangenen Exzesses der österreichischen Ritterschaft kam die gereizte Stimmung der Bürgerschaft zum Ausbruch. Am Dienstag vor Aschermittwoch, am 26. Februar, ritten die Herren des Herzogs nach Grossbasel hinüber, turnierten auf dem Münsterplatz und ritten «spasseshalber» in die Zuschauermenge hinein, um sie zu erschrecken. Die Bürger verstanden diesen Spass nicht. Sie riefen zu den Waffen und läuteten die Sturmglocken. Unter ihren Bannern stürmten die Zünfte auf den Münsterplatz in die überraschten Herren hinein, die erschreckt die Flucht ergriffen. In Domherrenhäusern und im Eptinger Hof an der Rittergasse waren fröhliche Fasnachtsgesellschaften versammelt. Sie wurden auseinander gesprengt, einige der Edelleute und Edelfrauen erschlagen, viele gefangen genommen. Nur mit Mühe wurde die Empörung gestillt. Das war die Fasnacht von 1376, die den Namen «Böse Fasnacht» trägt, denn böse Folgen hatte sie für die Stadt. Obwohl der Rat zwölf Rädelsführer verhaftet und hingerichtet hatte, verhängte Kaiser Karl IV. auf Drängen des Herzogs die Reichsacht über die Stadt. Überdies musste Basel 8000 Gulden Schadenersatz zahlen.

Verbote und Mandate gegen die Fasnacht

Die Fasnacht, wie sie auch heute in Basel überschäumend leibt und lebt, steckt dem echten Basler im Blut. Weh dem, der sie verbieten wollte! Jahrhundertelang hat man es immer wieder versucht. Die Verbote und Mandate gegen die Basler Fasnacht sind die reinste und reichste Quelle, die dem Historiker sprudelt! Denn seine Fasnacht hat sich Basel nie ernstlich verbieten lassen, sooft die Verbote auch «auf ewige Zeiten» ausgesprochen worden sind. Einzig die 1529 Basel erreichende Reformation hat eine Spur hinterlassen. Während dieser Zeit der Glaubensspaltung ist der eifernde Geist kirchlicher und weltlicher Behörden den «abgöttischen» und «unzüchtigen» Fasnachtsfestivitäten zu Leibe gerückt. Mit der Abschaffung der 40-tägigen Fasten wurde das Fasnachtsleben auf Aschermittwoch und die nächstfolgenden Tage beschränkt. Aus diesem Grunde beginnt heute noch Basel seine Fasnacht erst, wenn in den katholischen Landen die Lustbarkeiten des Faschings und des Karnevals bereits verrauscht sind. Die sittenstrenge Reformationsepoche und ihre Nachzeit mussten sich nach erfolglosen Versuchen, die Fasnacht ganz zu beseitigen, damit begnügen, ihr Schranken zu setzen. Im März 1546 wurde zwar durch die Räte erkannt, man solle

«fürohin kein fassnacht noch ascher-mitwochen me haben, noch der zit uff

zünfften, gesellschaften noch knechtenstuben nit me kochen lan, noch zeren,

ouch gantz kein fassnacht butzen, pfifen noch trummen pruchen, sonder der

dingen aller müssig stan».

Ähnlich lautende Erlasse wiederholten sich und bekunden dadurch den geringen Erfolg, von dem sie begleitet waren. Besonders ausführlich und eindringlich wandten sich die Stadthäupter um die Wende des 16. Jahrhunderts an ihre Bürger. Da es einer christlichen Obrigkeit obliege, heisst es im Eingang des Mandates vom Februar 1599, alles, was Gott und seinem Worte zuwiderlaufe, allen Ernstes abzuschaffen und an dessen Stelle ehrbares Leben zu pflanzen, solle jeder Bürger, seine «dienstkind» und überhaupt sein ganzes Hausgesinde sich

«des übermessigen unordentlichen pancketierens, zächens und prassens so wol

uff allen ehren zünfften und gesellschaften als andern mehr orten, item des

nechtlichen hin und widerlauffens uff den gassen, des küchlin holens, darumben

singens, des umbziehens mit trommen und pfeiffen, des verkleidens, verbutzens,

der mommerigen (= Mummereien) wie ebner gstalten des brämens, sudlens und

molens an der eschmittwoch und all ander dergleichen erdichte fassnachtspilen

und sachen» gänzlich enthalten.

Dass die Fasnacht im 18. Jahrhundert nicht unterging, dafür sorgten trotz des Verbotes von jeglichem «Fasnachtsgeplärr» die zu allerlei Maskeraden Gelegenheit bietenden Umzüge der Zünfte, Vorstadtgesellschaften und der drei ennetrheinischen Gesellschaften, die alle besonders der Trommelkunst eine Freistätte boten. Von diesen Quartierumzügen meldet der Basler Geschichtsschreiber Peter Ochs:

«An der Fastnacht, wenn der Rat es nicht verbietet, stellen sie sog. Umzüge an.

Dort wird das Wappen der Gesellschaft in lebendiger Gestalt maskiert oder verstellt

in der Stadt herum begleitet. Einige mit der alten Schweizertracht sind die Beglei-

ter. Dann folgen junge Knaben mit Trommeln und Gewehren und mit der Fahne

der Gesellschaft. Endlich Kinder von beiderley Geschlecht und allerley Kleidungs-

arten schliessen den frohlockenden Tross.»

Fasnächtliches Leben seit 1835

Seit 1835 löste in bunter Reihenfolge eine Fasnacht die andere ab. Mit den vierziger Jahren fing auch die Presse an, von den Erscheinungen des fasnächtlichen Lebens Notiz zu nehmen. Zur Beschaffung der Geldmittel für die grossen Schauzüge wurden «Fasnachtsaktien» beim Publikum abgesetzt. Bisweilen deckte man die Unkosten auch durch eine Lotterie. In der Folgezeit war es vor allem das 1858 gegründete Fasnachts-Comité «Quodlibet», dessen Fasnachtszüge sich durch Witz und Gehalt auszeichneten und anregend und veredelnd der Fasnacht den Weg für die Zukunft wiesen. Sehr gute Züge arrangierte unter der Führung des 1864 entstandenen «Turnerkränzli» auch der «Bürger-Turnverein». Den Spuren dieser Kreise, denen sich als dritter der «Verein junger Kaufleute» beigesellte, folgten in den siebziger und achtziger Jahren die Quartier-cliquen wie «Aeschlemer», «Santihanslemer», «Steinlemer», «Kleinbasler». In verschiedenen Beziehungen vorbildlich wurden auch die Darbietungen des «Ruderclub» und der «Alten Garde», welche mit Finesse ihren Sujets echt baslerisches Kolorit zu geben wussten.

Man ist oft geneigt, die jetzige originelle Gestaltung der Fasnachtszüge mit ihren oft klug und witzig ausgesponnenen Sujets als sehr alt und auf weit zurückreichender Grundlage ruhend anzusehen. Dem ist aber nicht so. Der Basler Fasnacht war zum Beispiel die Verspottung politischer Ereignisse bis ins 19. Jahrhundert hinein fremd. Erst im Jahre 1803 erlebte Basel den ersten Fasnachtsulk mit politischem Einschlag. Er galt dem zu Unrecht gehassten Basler Staatsmann und Historiker Peter Ochs und bestand darin, dass eine Gruppe Maskierter auf dem Petersplatz unter Waldhornfanfaren einen Ochsenkopf samt grün-rot-gelben Kokarden – den offiziellen Farben der Helvetik – begrub, um damit symbolisch das Ende des Einheitsstaates anzudeuten. Diesem ersten Versuch folgte erst 1822 wieder ein Umzug mit leicht politischer Schattierung. Nach den Dreissigerwirren, als sich das Tempo des politischen Lebens erstaunlich und plötzlich beschleunigte, trieb auch die politische Karikatur, des langen Zwanges zum Schweigen endlich enthoben, in Wort und Bild üppige Blust. Im Jahre 1852 gab ein Spottgedicht des bekannten Rudolf Koelner, auf Beschwerde der französischen Regierung hin, Anlass zu diplomatischen Verhandlungen und brachte den Verfasser und die Sänger des als Schnitzelbank auf einem Wagen gesungenen Liedes vor die Gerichtsschranken, wo der Spass für die Beteiligten mit vier Wochen Haft endigte. In einem mit roten Lettern gedruckten fliegenden Blatt, das in Paris massenhaft verbreitet worden war und Aufsehen erregt hatte, wurde der politische Werdegang Louis Napoléons, des nachmaligen zweiten Kaisers der Franzosen, in gepfefferten Versen geschildert.

Der Sinn der Basler Strassenfasnacht liegt in der Verspottung und Verulkung erwähnenswerter Ereignisse ernster und heiterer Natur, vor allem solcher aus Basel. Man schreckt aber nicht davor zurück, den Stoff auch aus der übrigen Schweiz und selbst aus dem Ausland zu holen.

Der Spott der Basler Fasnacht

Nach den prächtigen Nachmittagen beginnt in Gässlein und Gassen, auf Strassen und Plätzen, in Wirtschaften und Sälen das Fasnachts-Nachtleben. Während die Cliquen mit ihren Laternen unermüdlich umherziehen, sitzt in den Wirtschaften das Publikum dicht gedrängt und erwartet voller Spannung die Schnitzelbänke. Hier bemüht sich das Schnitzelbank-Comité um witzige Verse und Helgen. Kaum erscheint ein Schnitzelbänkler im Lokal, wird es mäuschenstill. Wie herrlich ist es doch, wenn der liebe Nächste so richtig auf die Rolle geschoben wird. Vor nichts und niemandem macht das böse, freche Maul der Fasnacht Halt! Keiner, der gesündigt hat, keiner, der eine Dummheit begangen, Unbeliebtes getan, Stadt, Volk oder gar die Schweiz angegriffen oder verunglimpft hat, entgeht der beissenden Lauge des häufig so gefährlich geistreichen Spottes der Fasnacht. Wenn dann die Sänger noch die klassische Melodie «Ei du scheene, ei du scheene, ei du scheene Schnitzelbangg» vortragen, mit dem bekannten Refrain, durch dessen Variieren nochmals und abermals eine neue Pointe zum Besten gegeben wird, wenn alle Anwesenden in vielstimmigem Chor den Refrain mitsingen, dann herrscht eine durch nichts zu überbietende Fasnachtsstimmung.

43–47 «Do ane kemme d'Comité-Schnitzel-
bängg». Solche Plakate hängen
vor vielen Lokalen in der Innenstadt.
Hier Stadtcasino am Barfüsserplatz.

Das Basler Messewesen

Bereits im Jahre 1471 hat die Stadt Basel von Kaiser Friedrich III. das Messeprivileg und damit das Recht erhalten, alljährlich im Frühjahr und im Herbst einen Jahrmarkt abzuhalten. Die Basler Herbstmesse hat sich ohne Unterbruch bis heute erhalten. Mit dem Aufkommen der Massenanfertigung vieler Güter in gleichartigen Serien war es nicht mehr nötig, sämtliche Waren, die verkauft werden sollten, an den Markt- beziehungsweise Messestand zu bringen. Ein Muster jeder Serie genügte. Dieser Wandel von der Warenmesse zur Mustermesse war für Basel entscheidend: 1916 beschloss der Regierungsrat des Kantons Basel-Stadt die Gründung einer Schweizer Mustermesse, welche 1917 im Stadtcasino am Steinenberg erstmals durchgeführt wurde. Aus dieser Veranstaltung sind bis heute diverse eigenständige Fachmessen hervorgegangen.

Die Entwicklung der Schweizer Mustermesse als Messegesellschaft erfuhr im Sommer 2001 mit dem Zusammenschluss der Messe Basel und der Messe Zürich zur Messe Schweiz eine Zäsur. Heute finden auf dem Areal der Messe Schweiz im Kleinbasel jährlich über 20 Messen mit rund 1,2 Millionen Besuchern statt. Mit der Weltmesse für Uhren und Schmuck Basel und der internationalen Kunstmesse Art Basel veranstaltet die Messe Schweiz die weltweit führenden Messen in diesen Branchen. Die volkswirtschaftliche Wirkung des Messewesens für die Region Basel wird auf 500 Millionen Franken geschätzt.

48   *Messe Basel.*

49–51 *Messehalle 1 von Theo Hotz (1999), Riehenring / Isteinerstrasse.*

52 Beispiele moderner Architektur:
Peter-Merian-Haus, Nauenstrasse/Peter Merian-Strasse, Architekt Hans Zwimpfer,
Glasfassade von Donald Judd.

53 Schauspielhaus beim Klosterberg.

54 *Stellwerk II von Herzog & de Meuron hinter der Münchensteinerbrücke.*

55 *Geschäftshaus «Euregio» (Meierbau) von Richard Meier, Viaduktstrasse/Innere Margarethenstrasse.*

60 *Das St. Margarethen-Kirchlein liegt auf Binninger Boden.*

61 *Barfüsserplatz («Barfi»). Häuserzeile gegenüber der Barfüsserkirche mit dem sie überragenden Lohnhof.*

62 *Das grosse Feuerwerk am 31. Juli über dem Rhein.*

63 *Fasnachtsbrunnen von Jean Tinguely vor dem Stadttheater.*

64 Rheinhalde mit Ramsteinerhof
beim Münsterplatz.

65 «Helvetia auf der Reise» von Bettina
Eichin bei der Mittleren Rheinbrücke
(1980).

66 Briefkasten von Melchior Berri mit dem
«Basler Dybli» an der Schneidergasse 2.

67–69　Die Basler Herbstmesse beginnt jeweils am letzten Samstag im Oktober Punkt 12.00 Uhr und dauert zwei Wochen. Sie findet auf dem Münsterplatz, Petersplatz und Barfüsserplatz, auf der Rosentalanlage, dem Messeplatz und dem Kasernenareal statt.

70 *Mittlere Brücke mit Weihnachtsdekoration.*

71–72 *Weihnachtsmarkt auf dem Barfüsserplatz.*

73 *Die Münsterfähre «Leu» im Winterkleid.*

74 *Winterstimmung am Kleinbasler Rheinufer.*

Zweiter Teil

Ein Mosaik ausgewählter Sehenswürdigkeiten

Im Kanton Basel-Stadt

Das Strassburger Denkmal von Frédéric-Auguste Bartholdi

Auf dem Centralbahnplatz steht das Strassburger Denkmal, 1895 von Frédéric-Auguste Bartholdi (1834–1904) geschaffen, gestiftet vom französischen Baron Hervé de Gruyer als Dank für die Schweizer Hilfe für die Bewohner des im Deutsch-Französischen Krieg 1870/71 schwer beschossenen Strassburg. Die Figurengruppe stellt einen Frauen und Kinder beschützenden Engel dar. Die Relieftafeln am Sockel zeigen die Hilfe in der zerstörten Stadt und die Fahrt mit dem Hirsebreitopf 1476, die eine jahrhundertealte Freundschaft zwischen Strassburg und der Schweiz bekundet. Unter den beiden Reliefs sind zwei Inschriften angebracht: «A la Suisse hommage reconnaissant d'un enfant de Strasbourg 1871» besagt die eine; unter dem anderen Relief steht in goldenen Lettern «Le culte des traditions d'amitié honore les peuples comme les hommes».

1476 hatten die Strassburger eine Abordnung aus Zürich zum Schützenfest eingeladen. Die Eidgenossen starteten zu einer Rekordfahrt nach Strassburg, um zu zeigen, wie schnell ihre Hilfe im Notfall sei. Zu Schiff fuhren sie auf den damals noch wilden Flüssen Limmat, Aare und Rhein in 17 Stunden nach Strassburg. Einen grossen Topf mit Hirsebrei, in heissem Sand verstaut, führten sie mit; bei der Ankunft war der Brei noch warm. Während ihrer Fahrt durch Basel reichte man der Abordnung von der Mittleren Brücke Wein und Essen. Der Bildhauer Frédéric-Auguste Bartholdi wurde als Schöpfer der Freiheitsstatue in New York weltberühmt.

75 *Strassburger Denkmal beim Bahnhof SBB.*

Die Bank für Internationalen Zahlungsausgleich am Centralbahnplatz

Der Centralbahnplatz wird dominiert vom Bundesbahnhof der SBB aus den Jahren 1905 bis 1909, von Emil Faesch und Emanuel La Roche, mit seiner imposanten, neobarocken Fassade. Im nahen Hochhaus-Rundturm der Architekten Burckhardt & Partner AG aus dem Jahre 1977 ist die Bank für Internationalen Zahlungsausgleich (BIZ) untergebracht.

Die BIZ ist die älteste internationale Finanzinstitution. Sie wurde 1930 auf der Haager Konferenz gegründet und ist insbesondere mit der Aufgabe betraut, die währungs- und finanzpolitische Zusammenarbeit der Zentralbanken zu fördern. Dies geschieht durch regelmässige Sitzungen verschiedener Gruppen und Ausschüsse von Zentralbankpräsidenten sowie durch periodische Zusammenkünfte von Experten zu verschiedenen wirtschaftlichen, monetären, technischen und juristischen Themen, die für die Zentralbanken von besonderem Interesse sind. Darüber hinaus bietet die BIZ Zentralbanken, aber auch internationalen Organisationen vollumfängliche Bankdienstleistungen an, die hauptsächlich von Zentralbanken zum Zweck der Verwaltung ihrer Gold- und Devisenreserven in Anspruch genommen werden.

Das Botta-Gebäude am Aeschenplatz

Das von Mario Botta entworfene Gebäude wurde von der damaligen Schweizerischen Bankgesellschaft zu ihrem 100-jährigen Jubiläum gebaut und 1995 bezogen. Die Bank für Internationalen Zahlungsausgleich (BIZ) hat es 1998 erworben und dort ihre Bankenabteilung sowie die Abteilung Informationstechnologie untergebracht.

Der Botta-Bau mit seinen insgesamt sechs Ober- und sechs Untergeschossen und einem Volumen von 92 900 Kubikmetern zeigt zwei deutlich verschieden gestaltete Fassaden: die zum Aeschengraben orientierte geschwungene Nordwestfassade mit zweifarbig gestreifter Natursteinverkleidung, die die angrenzende klassizistische Villa integriert, und die gestufte, rückwärtig ausgerichtete Südostfassade mit einer Sequenz rechteckiger, burgartiger Fenster. Der fragmentarisch an einen Zylinder erinnernde Bau hat einen zentralen Eingang, der durch einen Portikus und ein Atrium besonders artikuliert ist. Die tief eingeschnittene, sich nach oben verjüngende Öffnung in Form einer negativen Treppe gliedert die Hauptfassade und verleiht ihr Grosszügigkeit. Vom Erdgeschoss aus erstreckt sich über die ganze Gebäudehöhe der einseitig immer enger werdende Innenhof mit zenitalem Lichteinfall. Interessant ist, dass sich fast die Hälfte des Gebäudevolumens in den Untergeschossen befindet. Die Gebäudehöhe beträgt 28 Meter, die gesamte Tiefe 26 Meter.

Mario Bottas Bauten überzeugen einerseits durch ihre charakteristischen Formen, andererseits durch die sinnliche Kombination und den sensiblen Umgang mit Materialien. Dem Blick von aussen prägt sich dabei sicherlich die Farbkombination der geschliffenen Granitplatten am nachhaltigsten ein: Verde Marina und Wiscount White in horizontalen Streifen. Im Innern des Gebäudes vereinen sich der polierte schwarze Granit des Bodens und die helle Ahornverkleidung der Wände zu einem spannungsvollen und doch harmonischen Ganzen.

Im Innern des Gebäudes wird die räumliche Wahrnehmung des Betrachters durch die Arbeiten von Felice Varini, Maurizio Nannucci und Fernando Pagola intensiviert – drei Künstler, die sich seit langem mit dem Zusammenspiel von Architektur, Raum und Funktion auseinander setzen. Felice Varini zieht zwei grosse, blaue Kreise derart über die Wände und Lichtöffnungen bis zum Dachgeschoss hinauf, dass die Kreisform nur von einem bestimmten Punkt des Innenhofs als solche erkannt werden kann. Die Installation von Maurizio Nannucci – «When red and blue meet yellow» – ist auf die Dimension und die Funktion des Treppenhauses bezogen und folgt der Blick- und Gehrichtung des Betrachters. Fernando Pagola hat mit mobilen Elementen einen neuen Akzent in die grosszügig dimensionierte Eingangshalle gesetzt. Die Perspektiven werden durch die farbigen kubischen Darstellungen wirkungsvoll unterstrichen.

114

76–77 Die Bank für Internationalen Zahlungsausgleich (BIZ) am Centralbahnplatz 2,
erbaut 1977 vom Basler Architekten
Martin Heinrich Burckhardt.

78–81 Botta-Gebäude am Aeschenplatz 1, seit 1998 im Besitz der BIZ.

Die Elisabethenkirche und die Christoph Merian Stiftung

Die Elisabethenkirche als Ersatz für eine mittelalterliche Kapelle war der erste Kirchenneubau in Basel nach der Reformation. Das bedeutende Denkmal der Neugotik entstand in den Jahren 1857 bis 1865 nach den Plänen Ferdinand Stadlers unter der Bauleitung Christoph Riggenbachs und Karl Wartners. Das Innere der Kirche ist aus verschieden getönten Sandsteinen aufgeschichtet, sodass ein nuanciertes Farbenspiel entsteht.

Die Krypta dient als Gruft für den Stifter und seine Frau. Die Elisabethenkirche wurde von Christoph Merian-Burckhardt (1800–1858) gestiftet «als Bollwerk gegen den Ungeist der Zeit, gegen die Entchristlichung von Staat und Gesellschaft». In Christoph Merians Leben verschmelzen modernes Wirtschaftsdenken, soziales Handeln und konservative Religiosität zu einer ungewöhnlichen Einheit. In seinem weit blickend gefassten Testament setzte der kinderlose Christoph Merian zunächst seine Ehefrau Margaretha (1806–1886), nach ihrem Tod die «liebe Vaterstadt Basel» als Universalerbin ein. Er verfügte, dass fortan der gesamte Vermögensertrag der später nach ihm benannten Stiftung für «wohltätige und nützliche städtische Zwecke» zu verwenden sei.

117

82–83 *Elisabethenkirche an der*
Elisabethenstrasse: Teilansicht
mit Blick in den Turm.

Der Zoologische Garten

Im Zoologischen Garten erzählen uns Tiere Geschichten. Am 3. Juli 1874 wurde in Basel der erste Zoologische Garten der Schweiz eröffnet. Die treibende Kraft dieser Zoogründung war die Ornithologische Gesellschaft, das Land stellte die Stadt Basel zur Verfügung. Der «Zolli», wie ihn die Basler liebevoll nennen, wurde im Laufe der Zeit von der Stadt umwachsen und liegt heute im Zentrum von Basel. Er wurde so zum Stadt-Zoo, der auf sein heutiges Areal von 13 Hektaren beschränkt bleibt.

Auf Arten mit sehr grossen Raumansprüchen, wie zum Beispiel Eisbären, muss heute und wohl auch in Zukunft verzichtet werden. Dafür leben jetzt auf einem bedeutend grösseren Areal mehrere Tierarten zusammen, die auch in Freiheit ihren Lebensraum teilen. Ein schönes Beispiel dafür ist die so genannte Afrika-Anlage, die von Straussen, Grant-Zebras und Flusspferden gemeinsam bewohnt wird. Strausse und Zebras haben hier viel Bewegungsfreiheit, während die Flusspferde den Tag vor allem in ihrem grosszügigen Wassergraben verbringen. Nachts, wenn Zebras und Strausse in ihren Ställen sind, machen sich die Flusspferde, ans Wasser angepasste Säugetiere, auf ihre Landausflüge. Das Zusammenleben ist nicht immer spannungsfrei, besonders wenn alle drei Tierarten Junge haben. Ebenfalls gemeinsam bewohnen die Wollaffen und die Totenkopfäffchen eine Halbinsel.

Seit 1976 besteht im Vivarium des Zoologischen Gartens Basel eine regelmässige Piranhazucht. Im Zolli wurde die komplexe Fortpflanzungsbiologie dieser südamerikanischen Fische wissenschaftlich untersucht und beschrieben. Im Rahmen der Studie gelang es erstmals, Lautäusserungen, die mit Hilfe eines hoch entwickelten Lautapparates an der Schwimmblase produziert werden, während Aggressionshandlungen aufzuzeichnen.

Ein Kernstück des neu gestalteten Zoos ist das Etoschahaus mit seinen grosszügigen Aussenanlagen. Damit soll eine Savannenlandschaft des südlichen Afrikas nachempfunden und gleichzeitig der Nahrungskreislauf der Natur sicht- und erlebbar gemacht werden. Anhand der gezeigten Tiere soll auch auf das Schicksal ihrer frei lebenden Verwandten in Afrika aufmerksam gemacht werden, denn diese werden durch die schnell wachsende menschliche Bevölkerung mehr und mehr bedrängt. Neben den Löwen und Geparden bleiben auch die Schneeleoparden im Zoo. Zunehmende Zuchterfolge stellen dem Basler Zoo ein sehr gutes Zeugnis aus.

84–90 *Einige der mehr als 9400 Bewohner im Basler Zoo, in dem über 650 Arten vertreten sind.*

Der Tierpark in den Langen Erlen

Der Tierpark in den Langen Erlen wurde im Jahre 1871 von initiativen Baslern gegründet und erstreckt sich auf einer Fläche von ungefähr 20 Hektaren im Uferwald der Wiese, die am Feldberg entspringt und nach 82 Kilometern auf Basler Gebiet in den Rhein mündet. Wie gross die Langen Erlen eigentlich sind, weiss selbst die Stadtgärtnerei nicht so genau. Bekannt ist, dass das Gebiet 180 Hektaren Wald einschliesst. Die Langen Erlen haben ihren Namen aus der Zeit, bevor die Wiese kanalisiert wurde. Erlen sind typisches Ufergehölz.

Der auf die Haltung von Hirschen und einheimischen Tieren spezialisierte Tierpark stellt eine wertvolle Ergänzung zum Basler «Zolli» dar. In welchem europäischen Zoo findet man zehn verschiedene Arten von Hirschen, darunter den Damhirsch gleich in drei Farben? Wildschweine, Kapuzineraffen, Sardinische Zwergesel, Poitou-Esel, Ponys, Zwergziegen, Hängebauchschweine, Feldhasen, Kaninchen und Meerschweinchen sind zu sehen. Störche und Reiher nisten im Park, Pfauen und Perlhühner balzen, mehrere Eulenarten, Wildhühnerarten und Fasane sind zu beobachten, und Schwäne, Gänse und Enten zieren die Weiher, in denen zahlreiche Fische leben.

Nicht zuletzt der schöne Baumbestand von 450 Bäumen – von der Rottrauerbuche bis zum Mammutbaum – macht den Tierpark zu einem Naherholungsgebiet von unschätzbarem Wert. Der imposante Wapitihirsch ist das Wappentier des Tierparks und des Erlen-Vereins Basel, seines Trägervereins. Die Langen Erlen sind Basels grüne Lunge. Sie vermitteln eine gewisse Ländlichkeit. Wer sich beim Einbruch der Nacht schon durch diesen Stadtwald geschlichen hat, fühlt sich vielleicht ein bisschen wie im Urwald. Im entlegeneren Teil kann man unter Umständen im Gebüsch ein Wildschwein schnauben hören.

91   *Einheimischer Rothirsch.*

92   *Weiher im Tierpark in den Langen Erlen.*

Die Pauluskirche

Am Steinenring, südöstlich vom Schützenmattpark, steht die reformierte Pauluskirche, die der Architekt Karl Moser zusammen mit Robert Curjel in den Jahren 1898 bis 1901 gebaut hat. Karl Moser (1860–1936) hatte in Paris an der Ecole des Beaux-Arts studiert und 1884 in Wiesbaden ein Architekturbüro eröffnet. In Karlsruhe hatte er 1887 zusammen mit Robert Curjel eine weitere Firma gegründet.

Die Einheit des neuromanischen Äussern der Pauluskirche steht im Kontrast zum betonten Stilpluralismus im Innern, der die erstrebte Geschichtlichkeit ins Gegenteil zu kehren droht. Die Skulptur von Oskar Kiefer auf dem Eingangsgiebel zeigt den Erzengel Michael, der mit dem Drachen kämpft. Im Innern schufen an der Lettnerparaphrase beidseits der Nischenkanzel Heinrich Altherr eine Mosaikfolge und Max Laengger (Karlsruhe) Glasfenster.

Der Kirchenbau wirkt reich und behäbig, viele blicken darauf mit einem Anflug von Nostalgie. Er verkörpert etwas Mächtiges, das uns imponiert und uns schützt. So modern damals der Bau war, für uns Heutige ist er so etwas wie ein Urbild der traditionellen Kirche.

Das Schützenhaus und die Ehrengesellschaft der Feuerschützen

Der Schützenmattpark jenseits des Spalenrings war einst Gelände für Schiessübungen. Daran erinnert noch das Feuerschützenhaus an der Ostseite, heute ein renommiertes Restaurant mit Garten. In der Eingangshalle erheitert den Betrachter ein humorvolles Bild von Rudolf Weiss aus der Mitte des 19. Jahrhunderts: «Landwehrmusterung auf der Schützenmatte». Der grosse Schützensaal im Obergeschoss besitzt eine Balkendecke, gemalte Scheinarchitektur und bunte Glasfenster, darunter die Standesscheiben der 13 alten Orte der Eidgenossenschaft. In den Zwickeln und den Oberbildern dieser Scheiben sind kunstgeschichtlich bedeutende Szenen aus dem Alten Testament, dem antiken Heldentum und der Mythologie dargestellt.

Die Ehrengesellschaft der Feuerschützen wird 1466 erstmals urkundlich erwähnt. Sie bestand damals aus Vertretern der verschiedenen Zünfte. Diese hatten die Aufgabe, mit ihren Handfeuerwaffen zur Verteidigung der Stadt beizutragen. Ihr Übungsplatz befand sich ursprünglich am Stadtgraben, aber mit zunehmender Bedeutung wies ihr der Stadtrat das Gelände der heutigen Schützenmatte zu. 1448 wurde dort das erste Schützenhaus, ein Riegelbau, errichtet. Zwischen 1561 und 1564 entstandt das heute noch erhaltene Schützenhaus. Im Laufe der Jahrhunderte erlebte es ein bewegtes Schicksal: Gelegentlich diente es als Ersatzlager des städtischen Kaufhauses bei Überschwemmungen des Birsig, während der Revolution als Truppenunterkunft und zeitweise sogar als Reitanstalt. Die Feuerschützen bilden auch heute noch eine aktive Gesellschaft.

93 Erzengel Michaels Kampf
mit dem Drachen.

94–95 Rosette über dem Hauptportal.

96 Pauluskirche: Seitenansicht im Blick-
winkel eines 14-mm-Objektives.

97 Grosser Schützensaal mit Balkendecke
im Restaurant Schützenhaus an der
Schützenmattstrasse.

98 Szene aus Rudolf Weiss' Bild: Landwehrmusterung auf der Schützenmatte.

99 Wappenscheibe im Schützensaal.

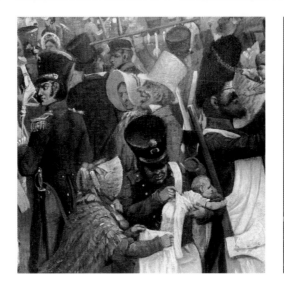

Die Antoniuskirche

Die katholische Antoniuskirche an der Kannenfeldstrasse wurde von Karl Moser errichtet, dem Architekten der reformierten Pauluskirche. Als in pionierhafter Weise diese Kirche in den Jahren 1925 bis 1927 in schalungsrohem Sichtbeton errichtet wurde, musste man sich manches Wissen in Material und Bautechnik erst erwerben. Damals haben konservative Katholiken und traditionelle Basler diese erste reine Betonkirche der Schweiz «Seelensilo» getauft. Heute ist der kühne, massvolle Bau in seiner eindrücklichen Architektur und Innenausstattung eine Sehenswürdigkeit Basels. Von strenger, sich aus der konsequenten Bautechnik ergebenden Schönheit ist der Schiffskörper. Le Corbusier hat erkannt: «Alles funktional Durchgestaltete, seine Aufgabe Erfüllende, ist schön.»

Zeichenhaft wurde hier eine ein Jahrhundert dauernde Kirchenbautradition des Repetierens von Stilformen früherer Zeiten abgelöst. Die Kühnheit, das Neue, aber auch die hohe Qualität von Architektur und Bildwerk der Antoniuskirche haben Erstaunen ausgelöst.

100   *Turm der Antoniuskirche an der Kannenfeldstrasse.*

101–102   *Glasgemälde von Otto Steiger und Hans Stocker.*

Das Spalentor

Das schönste der noch erhaltenen drei Basler Stadttore ist zweifellos das Spalentor. Es stammt aus der zweiten Hälfte des 14. Jahrhunderts. Die vielen Häuser, die an den Ausfallstrassen vor der Stadt im Laufe der Zeit entstanden waren, mussten sich schützen vor wilden Tieren und Gesindel. Das geschah mit einem Palisadenhag aus Holzpfählen, «Spalen» genannt. Daher stammt der Name Spalentor. Auf einigen alten Stichen findet man auch den Namen St. Pauls-Tor. Man hielt fälschlicherweise das Wort Spalen für eine sprachliche Verkürzung des Wortes St. Paul.

Nach dem Erdbeben nahm man die Häuser, die vor der Stadt entstanden waren, auch in den Schutz der Stadtmauer. Das heutige Spalentor gehört zu dieser neuen, dritten Stadtmauer. Es ist etwa 40 Meter hoch, reich verziert, vor allem am Vorwerk, welches einige Jahrzehnte nach dem Tor erbaut worden ist (1473 von Jakob Sarbach). Die bunten Ziegel auf dem Dach sind urkundlich belegt seit dem 15. Jahrhundert, allerdings unterdessen ersetzt durch neuere. Die Stadttore wurden jeden Abend geschlossen, nicht nur im Mittelalter, sondern noch bis ins 19. Jahrhundert. In den umliegenden Orten wurde abends jeweils ein Glöcklein geläutet, um den Leuten anzuzeigen, dass es höchste Zeit sei, in die Stadt zurückzukehren, um noch vor Torschluss hineinzukommen. Der Torwächter rief dann laut «wär no ine möcht, dä renn», um danach die mächtigen Eichenflügel, die man heute noch bewundern kann, zu schliessen. Beim einen Torflügel bemerkt man noch ein kleines Türchen im Holz, das so genannte «Nadelöhr». Da konnte man auch noch nach Torschluss in die Stadt schlüpfen, musste aber eine Strafe bezahlen und wurde registriert. Auch sonst wurde genau festgehalten, wer in die Stadt kam und wie viel man gegebenenfalls zu bezahlen hatte. Die alte Zollverordnung an der Wand, gleich bei den Eichentüren, zeigt die entsprechenden Tarife.

Das Fallgatter aus Eichenpfählen und mit Eisenspitzen wurde bei Gefahr hinuntergelassen. Es bestand auch die Möglichkeit, mit einzelnen Pfählen vorsorglich einen Teil des Zugangs zu verriegeln. Über dem Eingang, von ausserhalb der Stadt betrachtet, erkennt man eine Marienstatue. Sie stammt aus der Parler-Schule (um 1400). Rechts und links von ihr stehen zwei Propheten. Vor dieser Marienstatue pflegte man früher niederzuknieen und sich zu bedanken, dass man auf dem gefährlichen Weg nach Basel behütet worden war.

Auf der Stadtinnenseite befindet sich unten am Tor ein alter Briefkasten mit dem Bild einer weissen Taube, wie auf der berühmten Briefmarke, dem Basler Täubchen, das, wie auch dieser Briefkasten, von Melchior Berri entworfen wurde. Die 1845 erschienene Marke war die erste im Dreifarbendruck hergestellte. Sie ist ein begehrtes Sammelobjekt.

Die Häuser, die einst vor der Stadt gestanden haben, hatten meist Hausbesitzer, die durch den Verkehr auf den Ausfallstrassen ihre Beschäftigung fanden. Da waren die Wagner und Schmiede, Hufschmiede und Sattler zugegen, aber auch feuergefährliche Berufe wurden ausserhalb der Stadt angesiedelt – so unter anderem die Bäcker. Daneben gab es natürlich auch einige Wirtshäuser – und den Dirnen wies man während des Konzils ihren Platz hier am Rande der Stadt zu. Glücklicherweise ist dieser Strassenzug mit den kleinen, aneinander geschmiegten Bürgerhäusern verschont geblieben vor grösseren Eingriffen in der neueren Zeit, obwohl auch hier entsprechende Pläne zur Diskussion standen.

103–104 *Zinnenbekrönte Rundtürme
des Spalentors.*

Der Holbein-Brunnen

Der prachtvolle Brunnen an der Verzweigung Schützenmattstrasse / Spalenvorstadt wurde 1546 geschaffen. Er heisst Holbein-Brunnen, weil der Bauerntanz auf dem Brunnenstock nach einer Zeichnung von Holbein angefertigt wurde. Man könnte ihn auch Dürer-Brunnen nennen, denn der reizende Dudelsackpfeifer auf der Spitze wurde nach einer Zeichnung von Dürer gestaltet. Da aber Holbein weit mehr mit Basel zu tun hatte als Dürer, wurde hier sein Name geehrt. Die Dekorationen am Brunnenstock sind überaus reichhaltig. Da sind Palmetten zu sehen und darüber Fruchtschnüre, aufgehängt an Masken. Man beachte vor allem den Bauerntanz: Den Geldbeutel tragen stets die Frauen!

105–108 *Holbein-Brunnen, auch Spalen-brunnen genannt.*

Die Basler Synagoge

Die erste Synagoge, der Mittelpunkt der jüdischen Gemeinde, stand um das Jahr 1200 am ehemaligen Rindermarkt, bei der heutigen Gerbergasse. 1867/68 liess die Israelitische Gemeinde an der Ecke Eulerstrasse/Leimenstrasse eine repräsentative Synagoge errichten. Hermann Gauss wurde mit entsprechenden Vorprojekten beauftragt.

Der monumentale Zentralbau, mit byzantinisierender Kuppel und reicher Ausmalung und Flechtwerkornamentik im Innern, wies 160 Männer- und Frauensitze auf. 1892 erhielt die Synagoge, nach Plänen von Paul Reber, ihre heutige zweikupplige Gestalt und verfügte nach dem Umbau über 700 Plätze. Von 1906 bis 1909 wurde dahinter die kleine Synagoge von Architekt Fritz Stehlin errichtet. 1987 wurde die Synagoge renoviert und wieder weitgehend ihrem früheren Zustand angeglichen.

Die Synagoge ist stets mehr als nur ein gewöhnlicher Betsaal. Sie verkörpert das jüdische Leben schlechthin. Sie ist ein «Ort der Begegnung», Begegnung mit dem Höchsten, in Einkehr mit sich selbst, doch auch Begegnung mit den Traditionen, dem lebendigen jüdischen Leben und mit der Gemeinschaft.

Das Totengässlein und das Haus «zum vorderen Sessel»

Das Totengässlein, im 13. Jahrhundert erstmals erwähnt, wurde erst 1861 amtlich so benannt. Die Toten der St. Petersgemeinde, deren Mitglieder vorwiegend am Fusse des Petersberges wohnten, in der so genannten Unterstadt, wurden durch diese Gasse zum Kirchhof zu St. Peter hinaus getragen. Am Fusse des Totengässleins, dort, wo heute die Stadthausapotheke ist, stand die Wirtsstube «zer neuen Bruck». Weil dort die Trauernden vorbeizogen, hiess diese Gaststätte später auch «zum Süffzgen». Links am Anfang des Totengässleins stand die Apotheke «zum Süffzgen». Der offizielle Name war «zur alten Abondeck». Diese wurde von 1422 bis 1509 durch Apotheker betrieben, deren letzter, Heinrich Sennheim, sie an die Karthäuser vergab, die sie dann 1615 aufhoben.

Wer heute von der Stadthausgasse das Totengässlein hinaufsteigt, um zur Peterskirche zu gelangen, überwindet zuerst sieben, dann zwanzig mal drei und schliesslich nochmals neun Stufen. Nach den ersten sieben und fünf mal drei Stufen steht man vor dem Haus «zum vorderen Sessel». Es wurde 1316 erbaut und war bis 1470 als Badstube eingerichtet. Das Gebäude «zum hinteren Sessel» war vom Andreasplatz her zugänglich und wurde, durch Neubauten bedingt, abgerissen.

Um 1475 liess sich Johann Amerbach (1430–1515) in Basel nieder und mietete für das Buchdruckgeschäft 1480 das Haus «zum vorderen Sessel», um dort seine Buchdruckerei mit sechs Buchdruckpressen einzurichten. Amerbach hatte in Paris studiert, war Magister geworden und hatte sich dort und später in Italien gründliche Kenntnisse des Buchdrucks erworben. 1481 wurde er Bürger von Basel und als Safranzünftiger durfte er Bücher drucken. Es waren vor allem theologische und juristische Erstdrucke, welche in seiner Offizin erschienen und in ganz Europa hohes Ansehen genossen. Nach 1500 bildete Amerbach mit seinen Landsleuten Adam Petri (1454–1525) und Johannes Froben (1460–1527) eine Druckergemeinschaft.

Amerbach starb 1513 und liegt in der Basler Kartause begraben. Adam Petri kam 1460 nach Basel, erwarb 1507 das Bürgerrecht und kaufte sich im gleichen Jahr in der Zunft zu Safran ein. 1509 trat er erstmals als selbstständiger Drucker auf, aber nicht im Haus «zum vorderen Sessel»! 1523 druckte er fünf Auflagen des lutherischen «Neuen Testamentes» und zwei Auflagen des «Alten Testamentes». Den Ruhm von Petri begründet das so genannte «Petri-Glossar», ein Verzeichnis von rund 200 Luther-Wörtern, welches in die oberdeutsche Sprache übersetzt wurde.

Im Jahre 1507 wurde die Liegenschaft Totengässlein 3 von Johannes Froben erworben und gleichzeitig übergab ihm Amerbach seine Buckdruckeroffizin. Froben wurde 1492 Basler Bürger, und auch er gehörte als Buchdrucker E. E. Zunft zu Safran an. Die Frobensche Offizin war wohl der berühmteste Druckereibetrieb in Basel. Aus ihr gingen die schönsten und inhaltlich wertvollsten Bücher hervor. In jener Zeit gab es in Basel über 70 Druckereien. Froben begann 1492 in Basel zu drucken und war so zwischen 1515 und 1520 der bedeutendste Buchdrucker im deutschen Sprachgebiet. Von 1513 bis zu seinem Tode 1527 druckte er über 300 Bücher. Es waren Bibelwerke, Schriften von antiken Autoren und von Kirchenvätern, welche sowohl in lateinischer wie in griechischer Sprache gedruckt wurden. Hoch geschätzt wurden der philosophisch genaue Text und die exakte Form der Buchstaben. In der Offizin druckte man erstmals jenseits der Alpen in der «Antiqua-Schrift». Europäischen Ruhm gewann diese Offizin durch die Ausgabe einer grossen Zahl der Werke von Erasmus von Rotterdam. Dieser lobte Frobens präzise Arbeiten. Das war nicht weiter verwunderlich, denn Frobens Mitarbeiter waren neben Erasmus selbst Johannes Oekolampad, Ambrosius Holbein, Hans Holbein d. J., Urs Graf und Paracelsus.

110 *Aufstieg von der Stadthausgasse durch das Totengässlein.*

111 *Totengässlein, Abstieg vom Peterskirchplatz.*

Der Petersplatz

Die früheste Erwähnung stammt von 1233 und lautet «hortus S. Petri» (St. Petersgarten). Im Jahre 1277 haben die Chorherren von St. Peter diesen Garten, den Petersplatz, mit Bäumen bepflanzt. Nach dem Erdbeben von 1356 vorübergehend als Marktplatz genutzt, wurde der Platz nördlich des Zeughauses, wo heute das Kollegienhaus der Universität steht, zu einem beliebten öffentlichen Platz, wo man sich unter Linden und Ulmen, die als durchgehendes Schattendach kultiviert wurden, zu Spielen und Spaziergängen traf.

Die Peterskirche

Die Peterskirche war eine Gründung des Bischofs Hatto von Basel (802–822), der gleichzeitig die Abtwürde auf der Reichenau innehatte. Aus den komplizierten Grabungsergebnissen lässt sich schliessen, dass in frühromanischer und romanischer Zeit ein weiterer Ausbau erfolgte. Die Kirche diente vorerst als Begräbnisstätte und wurde 1035 zur Pfarrkirche erhoben. 1219 erfahren wir zum ersten Mal von der Einsetzung eines Leutpriesters. Der Ausbau des Chors steht im Zusammenhang mit der Erhebung von St. Peter zum Chorherrenstift im Jahre 1233. Viele Päpste waren namhafte Gelehrte, sodass sich die Verbindung mit der 1460 gegründeten Universität von selbst ergab. Die Wahl des Rektors fand jährlich in der Peterskirche statt. Nachdem sich die Reformation durchgesetzt hatte, wurde St. Peter eine der vier evangelischen Kirchgemeinden mit einem eigenen Pfarrsprengel. Die Kirche ist besonders reich ausgeschmückt worden. Vor allem sehenswert sind die Wandmalereien aus dem 14. und 15. Jahrhundert. Zahlreiche prachtvolle Gedenktafeln mit Inschriften für die Verstorbenen (Epitaphien) sind ebenfalls zu sehen, darunter in der nördlichen Marienkapelle, 1475 von Matthias Eberler gestiftet, die Grabtafel des Buchdruckers Johannes Froben (1527). Auf dem Peterskirchplatz finden wir eine Büste von Johann Peter Hebel, die 1899 eingeweiht wurde.

112 Samstäglicher Flohmarkt auf dem
Petersplatz.

113 Peterskirche, von der Petersgasse
aus gesehen.

Das Kollegienhaus der Universität Basel am Petersplatz

Das Kollegienhaus, das Hauptgebäude der Universität, befindet sich seit 1939 am Petersplatz. Der Architekt Roland Rohn schuf den Bau in den Jahren 1936 bis 1939. Bis dahin stand hier das alte Korn- und Zeughaus aus dem 15. Jahrhundert, während sich das Hauptgebäude der Universität von 1460 bis 1939 auf dem Münsterhügel am Rheinsprung befand, wo heute noch das Zoologische Institut untergebracht ist.

Den Westeingang am Petersplatz flankiert auf hohem Sockel die Granitbüste von Pius II. von Jakob Probst (1880–1966). Die Wand des Kollegiengebäudes am Petersgraben zieren, in Stein gehauen, in lateinischer Sprache die ersten Zeilen der berühmten Urkunde des Papstes Pius II. vom 12. November 1459, deren deutsche Übersetzung lautet: «Unter den verschiedenen Glückseligkeiten, welche der sterbliche Mensch in diesem hinfälligen Leben durch Gottes Gabe erlangen kann, verdient nicht unter die letzten gezählt zu werden, dass er durch beharrliches Studium die Perle der Wissenschaft zu erringen vermag, welche den Weg zu gutem und glücklichem Leben weist und durch ihre Vortrefflichkeit bewirkt, dass der Erfahrene weit über den Unerfahrenen hervorragt.» Davor steht die Steinskulptur «Lehrer und Schüler» von Alexander Zschokke (1894–1981).

Das Wildt'sche Haus am Petersplatz 13

Wohl der bedeutendste, architektonisch am sorgfältigsten und konsequentesten durchgeformte Spätbarockbau Basels ist das «Wildt'sche Haus», das Johann Jacob Fechter 1762 bis 1764 für den damals wohlhabendsten Basler, den Seidenherrn Jeremias Wildt-Socin, erbaut hat. Errichtet über zwei nach Norden abfallende Parzellen, besitzt der Bau gegen den Petersplatz zwei Geschosse, gegen den Garten dagegen drei mit einer grossen Freitreppe.

Das Wildt'sche Haus zeigt jene charakteristischen Stilmerkmale, die sich in Gebieten finden, in denen französischer und deutscher Einfluss sich kreuzen: Kontrast zwischen Architekturgliedern in farbig gefasstem Haustein und weissen Putzflächen, Stichbogenfenster sowie Trennung der Geschosse durch Gesimsbänder. Auf intensiven Einfluss deutscher Architektur deutet die Schweifung des Mittelrisalits an der Platzfassade und dann vor allem das monumentale Treppenhaus, das nicht nach französischer Manier, sondern nach dem Vorbild deutscher Barockschlösser das eigentliche Zentrum des Baus bildet, in der Mittelachse gelegen und symmetrisch entwickelt: Zwei Treppenläufe steigen im Parterre links und rechts auf und vereinigen sich auf halber Höhe zu einem einzigen Lauf, der zurückführend das Hauptgeschoss erreicht.

Der differenzierten architektonischen Gestaltung entspricht die erlesene dekorative Ausstattung (Stuckaturen, Öfen, Boiserien). Auch bemalte Tapeten, eine Reihe von Gemälden des schwäbischen Malers Joseph Esperlin sowie die Porträts der Erbauer sind aus der Entstehungszeit des Hauses erhalten. Mit Recht gilt das Wildt'sche Haus als das schönste und kostbarste Basler Rokokopalais aus dem 18. Jahrhundert. Seit 1952 gehört es der «Stiftung Wildt'sches Haus» und steht der Universität Basel für Universitätszwecke und Empfänge wie auch für private Anlässe zur Verfügung.

114–115 «Lehrer und Schüler» von Alexander
Zschokke vor dem Kollegienhaus
der Universität Basel.

116–117 Mosaik beim Haupteingang der
Universität.

118 *Das Wildt'sche Haus am Petersplatz 13, das anmutigste Rokokopalais der Stadt.*

Der alte Botanische Garten an der Westseite des Petersplatzes

An der Westseite des Petersplatzes befindet sich der hier 1898 auf dem ehemaligen Spalengottesacker angelegte Botanische Garten der Universität. Ein früherer Garten wurde 1588 am Rheinsprung angepflanzt und 1692 ins Predigerkloster am Petersgraben verlegt. Der heutige Garten umfasst etwa 8000 Pflanzenarten auf ca. 13 600 Quadratmetern. Insbesondere widmet man sich der Pflege bedrohter Pflanzenarten. Am Eingang fällt der kalifornische Mammutbaum auf. Nahe der Bernoullistrasse steht eine Büste des Botanikers Werner de Lachenal (1736–1800), der den früheren Garten förderte.

In den Gewächshäusern wachsen zahlreiche Kakteen und in einer Vitrine Fleisch fressende Pflanzen, vor allem Sonnentau. Im warmfeuchten Klima des 1965 errichteten Tropenhauses gedeiht ein kleiner Dschungel, in dem man bekannte Nutzpflanzen wie Pfefferbaum und Mahagoni wachsen sieht. Es beherbergt zudem die grösste Orchideensammlung der Schweiz. Das Viktoriahaus, ein fast 100-jähriges Kuppelgewächshaus aus der Zeit der Eisen-Glas-Architektur, wurde 1996 durch einen Nachfolgebau im gleichen Stil ersetzt. Dort befindet sich auch die grosse tropische Seerose Victoria amazonica. Wenn man diese imposante Seerose mit ihren zwei Meter grossen Blättern sieht, würde man nicht erwarten, dass man vor einer einjährigen Pflanze steht. Tatsächlich jedoch müssen diese Seerosen bei uns jedes Jahr neu aus dem Samen herangezogen werden, da sie im Herbst infolge Lichtmangels absterben. Die Basler Exemplare der Victoria amazonica wurden zur botanischen Sehenswürdigkeit, weil sie damals vor 100 Jahren die ersten und für lange Zeit auch einzigen in der Schweiz waren.

Das ländliche Fachwerkhaus neben dem Botanischen Garten beherbergt das Institut für Medizinische Mikrobiologie. Als «Stachelschützenhaus» diente es im 16. und 17. Jahrhundert der Gesellschaft der Armbrustschützen, die ihren Schiessstand auf dem Gelände des heutigen Kollegiengebäudes hatte. Im linken Flügel unterhielt der Physiker Daniel Bernoulli sein Laboratorium.

119–120 Viktoriahaus, Kuppelgewächshaus
aus der Zeit der Eisen-Glas-Architektur,
1996 originalgetreu renoviert.

121 Teil der Gartenanlage.

Der neue Botanische Garten Brüglingen südwestlich von St. Jakob

Im Jahre 1968 wurde die AG Botanischer Garten Brüglingen gegründet mit dem Ziel, einen zweiten, von der Universität Basel unabhängigen Botanischen Garten zu errichten und zu betreiben. Dank der Initiative einiger Natur- und Pflanzenfreunde sowie der Christoph Merian Stiftung konnte in der Birsebene von St. Jakob ein geeignetes Areal gefunden und 1969 mit dem Bau begonnen werden. Die Anlage orientiert sich nur wenig an einem traditionellen Botanischen Garten. Ein grosser Teil des Areals befindet sich in naturnahem Zustand, auf Exotisches wird verzichtet. Unter anderem verfügt der Garten über die reichhaltigste Bart-Iris-Sammlung Europas. Zu sehen gibt es auch einen Arzneipflanzengarten, Paeonien, Fuchsien, Efeu, Clematis, Schmetterlingsblütler, Rhododendren, Schlingerpflanzen und Insektivoren.

Die benachbarte klassizistische Villa diente dem Basler Patrizier Christoph Merian als Sommersitz, nachdem Johann Jakob Stehlin (1803–1879) sie 1858 aus einem barocken Landschlösschen umgebaut hatte. Heute ist dort ein Café eingerichtet. Die Gusseisenteile des Vorbaus wurden in Besançon gefertigt. Stehlin war von 1858 bis 1873 Basler Bürgermeister. Er zählt zu den wichtigsten liberalen Staatsmännern der ersten Jahrzehnte des schweizerischen Bundesstaates.

122 *Christoph Merians Sommersitz, heute ein Café.*

123 *Wunderschönes Naherholungsgebiet.*

124 *Abwechslungsreich arrangierte Gartenanlagen.*

151

Die Universitätsbibliothek

Beim Botanischen Garten steht noch ein Flügel der neubarocken Universitätsbibliothek (Emanuel La Roche, 1894–1896) mit einem stark verglasten Erweiterungsbau von Otto Senn (1962–1968). Die Fassade im Eingangsbereich ist gestaltet von Johannes Burla. Den Ausleihevorraum schmückt eine Plastik von Mary Vieira (1967) aus beweglichen Aluminiumscheiben.

Um 1460 bei der Universitätsgründung eingerichtet, ist sie die älteste weltliche Bibliothek der Schweiz. Neben den gegen drei Millionen Büchern und Schriften, 60 000 Handschriften, 100 000 Porträts und 50 000 Exlibris besitzt sie den grössten Bestand an Inkunabeln (Frühdrucke) in der Schweiz, ausserdem wissenschaftliche Nachlässe, unter anderen die von Johann Jakob Bachofen, Heinrich Wölfflin und Karl Jaspers sowie einen Plan von Paris aus dem Jahre 1552. Ursprünglich war die Bibliothek, die dank der im 15. und 16. Jahrhundert in Basel aufblühenden Buchdruckerkunst und auch durch die Übernahme eines beträchtlichen Teils der aufgelösten Klosterbibliotheken rasch anwuchs, in einem kapellenartigen Vorturm des Hauptgebäudes am Rheinufer untergebracht. Mitte des 17. Jahrhunderts wurde sie ins Haus zur Mücke verlegt.

Das Bernoullianum

Das Bernoullianum – gegenüber der Universitätsbibliothek – enthält das Mineralogische, Petrologische und das Geographische Institut der Universität. Von Johann Jacob Stehlin d. J. 1874 gebaut, ist das Bernoullianum ein Geschenk der Bürgerschaft an die Universität. Die Familie Bernoulli, nach der das Gebäude benannt ist, war 1570 wegen der Protestantenverfolgung aus Antwerpen über Frankfurt nach Basel gekommen und hat eine ganze Reihe von Mathematikern hervorgebracht: unter anderem Jacob Bernoulli (1654–1705), der die Bezeichnung «Integral» schuf, und Johann Bernoulli (1667–1748), der den Anstoss zur Entwicklung der Variationsrechnung gab.

125   *Bernoullianum.*

Das Biozentrum der Universität Basel

An der Klingelbergstrasse 70 befindet sich seit 1971 das Biozentrum der Universität. Mit diesem Namen setzten die Gründungsväter – erstmalig in der Welt – die Biologie in den Brennpunkt eines interdisziplinären Instituts. Nach einem neuartigen Konzept sollten Biologen, Chemiker, Mediziner und Physiker unter einem Dach zusammengebracht werden, um so die aktuellen Fragen der Biologie mit allen dafür geeigneten Methoden und Systemen zu untersuchen.

In den über 30 Jahren seines Bestehens hat das Biozentrum Entscheidendes zum Verständnis der biologischen Membran und zu vielen anderen Aspekten der molekularen Biologie beigetragen. Die Erfolge der Molekularbiologie und Biotechnologie sind heute in aller Munde und erwecken Hoffnungen, aber auch Ängste. Unter der langen Liste der Wissenschaftspreise, die an das Biozentrum gingen, ist der Nobelpreis herausragend, der Werner Arber 1978 verliehen wurde.

Die Gestaltung mit Wandplatten und Neonbuchstaben in der Cafeteria stammt von Samuel Buri und entstand im Rahmen eines Wettbewerbs des Basler Kunstkredits 1972.

126   *Biozentrum an der Klingelbergstrasse 70.*

127   *Eingang des Biozentrums.*

Die Predigerkirche

Die Predigerkirche des ehemaligen Dominikanerklosters wurde im Wesentlichen im 13. Jahrhundert erbaut. Die beim Erdbeben von 1356 eingestürzten Teile wurden danach wieder errichtet. Das zur Kirche gehörende Kloster wurde während der Reformation aufgehoben. 1877 zog die christkatholische Gemeinde ein. Die Klosterbauten dienten nach der Reformation als Zuchthaus und Universitätskonvikt. 1692 wurde ein botanischer Garten eingerichtet. Der Orden hatte dort bereits 1276 ein leibhaftiges Stachelschwein gehalten, ein Geschenk von Königin Anna.

Die dreischiffige gotische Basilika besitzt nach der Ordensregel keinen Turm, sondern nur einen Dachreiter. Dieses masswerkverzierte Glockentürmchen errichtete der Ulmer Johannes Kun kurz vor 1423. Im Innern der umfassend renovierten Kirche finden sich mittelalterliche Malereien und Gewölbeschlusssteine mit Evangelisten-Symbolen in den Chorseitenschiffen. Die farbigen Glasfenster stammen aus dem Jahre 1899. Der Lettner und der originelle Dachaufstieg an der Westwand wurden am ursprünglichen Ort rekonstruiert.

Johann Peter Hebel und die Stadt seiner Geburt

Der grüne Platz und die Strasse vor der Predigerkirche heissen Totentanz, nach den Fresken, die sich an der Friedhofsmauer des ehemaligen Predigerklosters befanden. Die grosse janusköpfige Plastik von Otto Bänninger (1967) symbolisiert die Lebensalter.

Hübsch sind die schmalen alten Häuser auf der Rheinseite. In Nr. 2, von 1555, wurde am 10. Mai 1760 Johann Peter Hebel geboren. Seine Eltern lebten als Bedienstete des Basler Patriziers Iselin im Sommer in Basel, im Winter in Hausen im Wiesental, wo Hebel in die Dorfschule ging. Später besuchte er in Basel das Gymnasium, in Schopfheim die Lateinschule und in Lörrach das Pädagogium. In Karlsruhe und Erlangen studierte Hebel evangelische Theologie. 1826 starb er in Schwetzingen.

Hebel war auch Schriftsteller, Verfasser gemütvoller volkstümlicher Erzählungen, Gedichte und Anekdoten in Mundart: unter anderem «Alemannische Gedichte» (1803), «Der Rheinische Hausfreund» (1808–1811, 1813–1815, 1819), «Schatzkästlein des Rheinischen Hausfreundes» (1811). Das von ihm gedichtete Lied «Z'Basel an mim Rhi» gilt als «Basler Nationalhymne». Schlichtheit, Frömmigkeit, Grundeinfalt und Humor verschafften seinen Werken Weltruhm.

Hausen, Schopfheim, Karlsruhe und Schwetzingen – sie alle hatten Johann Peter Hebel längst durch ein Denkmal geehrt; nur Basel, die Stadt seiner Geburt, war bis zum Ende des 19. Jahrhunderts ohne ein würdiges Zeichen der Erinnerung an den liebenswerten alemannischen Sänger geblieben. Am 3. Mai 1899 wurde auf dem Platz vor der Peterskirche die Bronzebüste von Max Leu (1862–1899), dem Schöpfer des Bubenberg-Denkmals in Bern, eingeweiht: der leicht geschwungene Steinsockel, umwunden von zierlichen Blumengirlanden und bekrönt mit der Büste, welche so treu und treffsicher die Züge des Dichters wiedergibt.

158

128 Predigerkirche beim Totentanz.

129–130 Mittelalterliche Malereien
in den Seitenschiffen.

131 Büste des Dichters Johann Peter Hebel
     von Max Leu aus dem Jahre 1899
     auf dem Peterskirchplatz.

132 Janus-Plastik von Otto Charles Bänninger
     am Totentanz.

Die St. Johanns-Vorstadt und die beiden Basler Besuche Goethes

Die an den Totentanz anschliessende, nach Nordwesten führende St. Johanns-Vorstadt säumen stattliche Bürgerhäuser, so der barocke Reinacher Hof und der gleichfalls barocke Erlacher Hof. «Hier besuchte am 8. Juli 1775 und am 17. Oktober 1779 Johann Wolfgang von Goethe den berühmten Kupferstecher und Kunsthändler Christian von Mechel» – dies ist heute auf der Gedenktafel im Erlacher Hof, an der St. Johanns-Vorstadt 17, dem damaligen Wohnsitz des Kupferstechers Christian von Mechel, zu lesen. Vor allem im Blick auf Basels Kunstschätze fiel es Goethe schwer, am Ende seiner dritten Schweizreise auf die Rückkehr über Basel zu verzichten: «Basel hatte wegen der Nähe von Frankreich einen besonderen Reiz für mich; jedoch die Jahreszeit, Wetter und Weg sind nun nicht mehr einladend, und so wurde dieser Plan aufgegeben», notierte Goethe zum Jahr 1797. Basel besitzt zwar eine Schillerstrasse und eine Uhlandstrasse, jedoch noch immer keine Goethestrasse; aber Basel besitzt die von Alfred Toepfer errichtete Johann Wolfgang von Goethe-Stiftung und ist dadurch in besonderem Sinn zur Goethe-Stadt geworden, in der das Erbe des Genius fortlebt.

Die Nachbarhäuser des Erlacher Hofes sind meist noch mittelalterlich und tragen ausdrucksvolle Namen wie «Zer Haselstuden» (1325). An Stelle der heutigen Nr. 22 standen zwei Häuser: im einen wohnte Hans Holbein d. J. mit seiner Familie, im anderen, dem Ackermannhof, wirkte bereits von 1500 bis 1511 der Buchdrucker Johann Petri. Pfalzartig auf dem Ausbau rechts steht der Faule-Magd-Brunnen, gegenüber ist die Vorstadtgesellschaft «Zur Mägd» zu Hause. Der Bau beherbergt ein Restaurant gleichen Namens. Eine ausgewogene klassizistische Fassade hat der Formonterhof, während der besonders stattliche Bau «Zum Innern Klösterli» durch Läden entstellt wurde.

Das St. Johanns-Tor

Das St. Johanns-Tor war im Zuge der damaligen Stadterweiterung in den Jahren 1370 bis 1380 gebaut worden. Es ist ein hohes, rechteckiges Stadttor aus Bossenquadern (Natursteine, deren Ansichtsflächen roh bearbeitet sind), mit starken Vorbauten an der Durchfahrt und einem Eckerker. Der einstige Figurenschmuck befindet sich im Historischen Museum. Eindrucksvoll sind die grossen Fallbalken von 1582, die bei Gefahr heruntergelassen wurden und die Durchfahrt sperrten, verstärkt durch die soliden hölzernen Tore. An der stadtinneren Seite steht noch die niedrige Stadtwache (1806) mit von fünf Holzsäulen gestütztem Dach. Die nahe Rheinschanze war einst Teil der Stadtbefestigung, deren Rheineckturm (Thomasturm) im 19. Jahrhundert eine Plattform mit Zinnenkranz erhielt.

162

Die erste Basler Rheinbrücke und die vier Rheinfähren

Die Mittlere Brücke war während vieler Jahrhunderte die erste und einzige Rheinbrücke bis weithin flussabwärts; denn der Rhein hatte bis zur Regulierung im 19. Jahrhundert nur oberhalb Basels ein festes Flussbett, während er unterhalb einen wechselnden Lauf nahm. Um 1225 liess Bischof Heinrich von Thun die Vorläuferin der von 1903 bis 1905 gebauten heutigen Brücke errichten. Die Geldmittel beschaffte er sich, indem er den Kirchenschatz versetzte und sich von den Klöstern Bürgeln und St. Blasien unterstützen liess. Diese erste Brücke war aus Holz gezimmert und ruhte in Kleinbasel auf steinernen und in Grossbasel auf hölzernen Pfeilern im Strom. Die Brückenkapelle, die sich auch auf der heutigen Brücke wiederfindet, dient auch zur Belastung des mittleren Pfeilers gegen die Strömung. Von diesem «Käppelijoch» wurden die «liederlichen Weiber» und die Kindsmörderinnen «geschwemmt». Sie wurden gefesselt in den Rhein geworfen und auf der Höhe des St. Johanns-Tors wieder herausgefischt. Da viele diese Strafe überlebten, wurde sie 1634 durch die Enthauptung ersetzt.

Die immer wieder zu lesende Behauptung, die Basler Rheinbrücke sei von grosser Bedeutung gewesen für den internationalen Handelsverkehr und speziell für den Gotthard-Verkehr, lässt sich historisch nicht belegen. Die internationalen Handelsstrassen führten dem linken Rheinufer entlang, am rechten Ufer gab es nur Strassen für den lokalen Verkehr. Die Brücke muss vielmehr im Zusammenhang mit dem Aussterben der Zähringer (1218) und dem vom Bischof mit der Gründung Kleinbasels geschaffenen Brückenkopf gesehen werden. Für den internationalen Handel war sie unbedeutend.

Vier Fähren verbinden heute noch das Kleinbasel mit dem Grossbasel. Die erste Fährverbindung war die Harzgrabenfähre. Sie nahm im Jahre 1854 den Betrieb zwischen Waisenhaus und Harzgraben auf und wurde später durch die Münsterfähre («Leu») ersetzt. Die weiteren Fähren wurden in den Jahren 1862 (Klingental – «Vogel Gryff»), 1894 (St. Alban – «Wild Maa») und 1895 (St. Johann – «Ueli») in Betrieb genommen. Die vier Rheinfähren befinden sich im Besitz der «Stiftung Basler Fähren».

138 Musizierender «Fährimaa» auf der alten St. Alban-Fähre.

139 Der alte «Wild Maa» legt am Kleinbasler Ufer an.

140 Mittlere Brücke mit «Käppelijoch», vom Turm der Martinskirche aus gesehen.

Der Rheinsprung

Der Rheinsprung setzt die Augustinergasse nach Nordwesten fort. Die amtliche Namensgebung erfolgte 1861. Die früheste Erwähnung der Strasse stammt aus dem 14. Jahrhundert und lautet «Rheinhalde» oder einfach «Sprung». 1610 tauchen die Begriffe «Sprung zur Rhinbruck» oder «Gassen am Sprung by dem Underen Collegio» auf. Das Untere Kollegium war ein Teil der Universität Basel.

Oben am Rheinsprung steht der Augustinerbrunnen (um 1530) mit einem das Stadtwappen haltenden Basilisken (Drache mit Hahnenkopf und Schlangenschwanz) auf der Brunnensäule. Es folgen das niedere Gebäude des Mathematischen Instituts der Universität und das Pfründenhaus des St. Oswald-Altars (1487). Links das Weisse und das Blaue Haus mit ihren barocken Rheinfassaden. Der Rheinsprung verläuft dann steil bergab, über den mittelalterlichen Fachwerkhäusern taucht links der Chor von St. Martin auf. Die St. Martins-Kirche wird urkundlich erstmals 1101 erwähnt, geht in ihrer heutigen Gestalt aber weitgehend auf das 13. und 14. Jahrhundert zurück. Im grossen Bau rechts, der im 19. Jahrhundert durch die Vereinigung von drei alten Häusern entstand, war bis 1939 die Universität untergebracht; heute befindet sich hier das Zoologische Institut.

Das «Elftausendjungfern-Gässlein»

So alt die Legende der heiligen Ursula und ihrer elftausend Begleiterinnen ist, die auf ihrer Wallfahrt nach Rom während des Aufenthalts in Basel von der Schifflände zur Martinskirche hinaufgestiegen sein sollen, so jung ist der Name «Elftausendjungfern-Gässlein»: Erst 1941 ist diese schöne Bezeichnung der steinernen Treppe verliehen worden, welche vom Rheinsprung auf den Hügel von St. Martin emporführt. Sie hiess einst ganz einfach die «St. Martins Stägen», die «steinin Stägen» oder die «lange Stäge, als man uffhin ze St. Martin gaht». An der Stützmauer der Kirche duckten sich seit dem Beginn des 15. Jahrhunderts jene fünf Häuschen, deren malerisches Riegelwerk seit einigen Jahren wieder freigelegt ist. Ihre Vergangenheit ist spektakulärer Momente bar; aber sie sind im Schmuck ihres dekorativen Fachwerks und ihrer bunten Blumen, die von den Fenstern herab grüssen, äusserst liebenswert.

141 Haus «zer alten Bramen» am Rheinsprung 14.

142 Von links: Alte Universität am Rheinsprung, Martinskirche und Café Spillmann,
vom Kleinbasler Rheinufer aus gesehen.

143 Haus am Rheinsprung 2 und
Haus «Under St. Martins Kilchhof»
am Rheinsprung 4.

144 Die Maske des «Lällekönigs» befindet sich
an der Schifflände, Ecke Eisengasse.

Das Haus zur Mücke

Von der Nordwestseite des Münsterplatzes führt der Schlüsselberg zum stattlichen Haus zur Mücke (1545) mit einem von Löwen gehaltenen Stadtwappen über dem Portal. Im 4. Jahrhundert n. Chr. lag hier die Nordwestecke des spätrömischen Kastells, das den Münsterhügel bedeckte. Vom 13. bis zum 15. Jahrhundert diente der Vorgänger des heutigen Baus als Trinkstube der Ritter; 1439, während des Basler Konzils, wählte das Konklave hier den Papst Felix V. Das 1545 erbaute Haus diente bis 1650 als Tuchlager und Kornspeicher, von 1671 bis 1849 waren dort die öffentlichen Kunstsammlungen und die Universitätsbibliothek eingerichtet, und seit 1862 dient es als Schulhaus. Im Schulhof, rechts unter den Arkaden, findet man ein grosses Wandbild mit modernen Jagdszenen, in den Gewölben zwölf Sternzeichen mit charakterisierenden Sprüchen.

Der Münsterplatz

Der Münsterplatz dürfte in seinen Ausmassen dem römischen Castrum entsprechen. Er übertrifft an innerer und äusserer Grösse alle Plätze der Schweiz. Die stattlichen einstigen Domherrenhöfe, die den Münsterplatz umgeben, erhielten ihre noblen Barockfassaden mit den grossen Holztoren in der Mitte des 18. Jahrhunderts. Nr. 14–17 wurden von 1765 bis 1770 nach Plänen Johann Jacob Fechters umgebaut. Spätmittelalterlich sind noch die Fachwerkhäuser Nr. 6 und 7, die einst Sitz des bischöflichen Richters waren. Im Haus Nr. 4 ist seit 1986 die Paul Sacher Stiftung mit Archiv und Forschungsstätte für Musik des 20. Jahrhunderts sowie der weltweit grössten Privatsammlung von Originalpartituren und Nachlässen zeitgenössischer Komponisten untergebracht. Inmitten des teils von Kastanien beschatteten Platzes steht seit 1784 ein klassizistischer Brunnen von Paolo Antonio Pisoni.

145 Haus zur Mücke.

146 Basilisk am Münsterberg,
Brunnen von Melchior Berri, 1837.

147 Restaurant Rollerhof.

148 Riegelhäuser am kleinen Münsterplatz.

149 Andlauerhof
(ehemaliges Domherrenhaus).

150 Falkensteinerhof (links), Domhof
und Sigristenhaus «zum Fleckenstein»
mit Fachwerkgeschoss (rechts), vom
Münster aus gesehen.

Die Pfalz und der Rhein

Der Pfalz genannte Teil östlich des Münsterchores fällt steil zum Rhein ab, den man von der Terrasse überblicken kann. Unten, an dem über Treppen erreichbaren Flussufer, geht die Münsterfähre nach Kleinbasel ab. Der Rhein war früher eine Wanderstrasse für Fische. Noch 1880 zogen Schwärme von Maifischen («Eltzer»), die dem Hering verwandt sind, von der Nordsee bis zu den Stromschnellen von Laufenburg. Auch grosse Störe wurden gefangen. 1878 fischte man noch 4500 Lachse aus dem Basler Rhein, und 1689 hatte sich sogar ein Schwertwal nach Basel verirrt. Welchem Basler kommen auf der Pfalz nicht die Verse des fast baslerischen Dichters Johann Peter Hebel in den Sinn, die er diesem Ort zugedacht hat?

«Aber uf der Pfalz
Alle Lüte gfallt's
O wie wechsle Berg und Tal
Land und Wasser überal
Vor der Basler Pfalz!»

Hier auf der Pfalz steht man am geradezu klassischen Ort, von dem aus man den grossen Bogen des Rheinstroms von Osten nach Norden wahrnimmt, die Gelenkstelle, an der die Stromlandschaft ihr Aussehen entscheidend ändert. Der Geograf nennt den vom Bodensee herströmenden Fluss «Hochrhein», von Basel an nordwärts, auf einer Strecke von 300 Kilometern, trägt er die Bezeichnung «Oberrhein». In Jeremias Gotthelfs Roman «Jacobs des Handwerksgesellen Wanderungen durch die Schweiz» erscheint der Rhein geradezu als mythisches Wesen, als «gewaltige Kraft, welche stetig, schön, in gewaltiger Gelassenheit, aber in sichtbarer Unwiderstehlichkeit dahinfliesst, unbekümmert um alles Menschengerede, unbehindert vom menschlichen Getriebe».

151 *Pfalz mit Blick auf die Kleinbasler Dächer.*

Das Basler Münster

Das Basler Münster, die Hauptkirche des Bistums Basel, gehört mit dem Grossmünster in Zürich und dem Churer Dom zu den wichtigsten spätromanischen Bauten der heutigen Schweiz. Alle drei stellen ausgesprochene Individuen dar, deren Gestalt sich nicht aus einer einzigen Tradition erklären lässt. Das Basler Münster vereinigt Elemente verschiedener Kernregionen der romanischen Kunst – der Lombardei, der Normandie, des Rhein/Maassgebietes und des Burgunds –, die zu einer neuen Einheit verschmelzen. In jüngerer Zeit wurde der Einfluss der zisterziensischen Architektur betont, der durch Bischof Heinrich von Horburg, dem vermutlichen Bauherrn des spätromanischen Neubaus, zum Zuge gekommen sein könnte.

Das Basler Münster besitzt einen der frühesten polygonalen Chorumgänge im deutschen Sprachgebiet und das früheste Figurenportal nördlich der Alpen, die Galluspforte. Es birgt einige hochkarätige Ausstattungsstücke wie die Aposteltafel, die Vincentiustafel und das gotische Chorgestühl – Meisterleistungen romanischer Goldschmiede- und Bildhauerkunst sowie gotischer Bildschnitzerei. Der spätromanische Bau ist zeitgleich mit den frühgotischen Kathedralen Frankreichs entstanden. Das Basler Münster gehört zu den prägenden Sakralbauten am Oberrhein.

Stifter und Baumeister des Basler Münsters

Der bedeutendste Stifter des Basler Münsters war Kaiser Heinrich II. Er stiftete den 1019 geweihten Neubau und mehrere wertvolle Ausstattungsstücke wie die goldene Altartafel. Heinrich ist am Münster mehrfach abgebildet, so auf dem ausgestellten runden Schlussstein vom Gewölbe des grossen Kreuzgangs. Für die Errichtung des Münsters wurden renommierte Baumeister von auswärts beigezogen. Hans von Nussdorf zum Beispiel kam aus der Konstanzer Bauhütte und brachte mit der Vollendung des Martinsturms im Jahre 1500 den Bau des mittelalterlichen Münsters zum Abschluss.

Die Bauphasen von 1019 bis 1975

Im Stadtbild tritt das Münster mit seinen roten Sandsteinmauern, seinem bunten Dach und den beiden schlanken Türmen malerisch hervor. Der heutige Münsterhügel war von Kelten bewohnt, ehe die Römer hier, im letzten Drittel des 1. Jahrhunderts v. Chr., eine militärische Siedlung anlegten. Eine karolingische Kirche konnte in ihren Umfassungsmauern festgestellt werden. Von diesem Bau haben sich Bestandteile der Krypta erhalten. Sie wurde im Ungarnsturm 917 vernichtet. Im Jahre 1019 wurde dann hier eine grosse Bischofskirche geweiht, deren Bau von Kaiser Heinrich II. gefördert worden war. Der heutige Bau stellt im Wesentlichen einen spätromanischen Neubau aus dem letzten Drittel des 12. Jahrhunderts dar.

1356 suchte ein Erdbeben die Stadt heim, doch dank der guten Bauweise des Münsters stürzten nur Vierungsturm, Chorgewölbe und die Kronen der Türme ein. Bereits 1363 konnte der Hochaltar wieder geweiht werden. Ulrich von Ensingen, Erbauer der Münstertürme von Ulm und Strassburg, begann 1421 mit dem Ausbau des nördlichen Georgsturmes. Der Helm des südlichen Martinsturmes wurde erst von 1488 bis 1500 von Hans von Nussdorf entworfen. Im 15. Jahrhundert entstanden auf romanischer Grundlage die beiden heutigen, südlich angefügten Kreuzgänge. Bis zur Einführung der Reformation 1529 diente das Münster als bischöfliche Domkirche. Im Bildersturm von 1529 wurden der Hochaltar und ein grosser Teil der Ausstattung zertrümmert. Der in den Sakristeigewölben verborgene, berühmte Münsterschatz blieb verschont; bei der Kantonsteilung 1833 verkaufte Basel-Landschaft seinen Anteil jedoch, weshalb nur einzelne Stücke im Basler Historischen Museum und andere Teile in Museen in Paris, New York, St. Petersburg und Berlin zu finden sind. Bei der Renovierung von 1852 bis 1857 versetzte man den Lettner und baute den oberen Teil der Vierungskrypta ab. Bei der Wiederherstellung, die 1975 abgeschlossen wurde, setzte man den Fussboden wieder auf das ursprüngliche tiefere Niveau und machte die Reste der Vierungskrypta wieder zugänglich.

152 *Galluspforte an der Nordseite des Münsters.*

153 *Münster mit Hauptportal, Westfassade mit Georgsturm (links) und Martinsturm (rechts).*

154–155 Nordflanke mit Georgsturm.

156 Das Glücksrad über der Galluspforte, auch «Lebensrad» genannt, versinnbildlicht den Aufstieg des Menschen zum Höhepunkt des Glücks und sein darauf folgendes Absinken und vielleicht nochmaliges Aufsteigen.

Georgsturm und Martinsturm

Die Westfassade mit den beiden Türmen wirkt geschlossen und fest. Sie gehört bis auf das Untergeschoss des nördlichen Georgsturmes, das bis zum Ende des 11. Jahrhunderts zurückreicht, ganz der gotischen Bauperiode an. Der zierliche Oberbau des Georgsturmes misst 64,2 Meter, der südliche, der 1500 vollendete Martinsturm, 62,7 Meter Höhe. Einen genaueren Blick sind das feine Strebewerk und die vorspringenden Wasserspeier wert.

Kaiser Heinrich II. und Kunigunde

Die Bogenläufe des Hauptportals zeigen aussen Propheten, in der Mitte Rosen und innen tanzende Engel. Rechts des Portals befinden sich Reste eines monumentalen Zyklus der klugen und törichten Jungfrauen mit dem Fürsten der Welt (spätes 13. Jh.), einem Junker, auf dessen Rücken Nattern und anderes Getier die Verderbnis symbolisieren. Er tändelt mit einer der törichten Jungfrauen, beide sind sehr sinnenfroh dargestellt. Links sieht man den Förderer, Kaiser Heinrich II., ein Modell des Münsters im Arm, und die Kaiserin Kunigunde (spätes 13. Jh.). Bis heute lebt Kaiser Heinrich II. als grosse Gestalt unserer Stadtgeschichte im baslerischen Bewusstsein fort. Noch immer erinnert an ihn der Heinrichstag, der 13. Juli, der Todestag des 973 verstorbenen Herrschers.

Die Galluspforte

Aus romanischer Zeit (12. Jh.) stammt die Galluspforte an der nördlichen Fassade des Querschiffs, deren zahlreiche Figuren in archaischer Strenge beeindrucken. Sie ist eines der ältesten Figurenportale im deutschsprachigen Raum.

An den Seiten zwischen den schlanken Säulen sind die Evangelisten mit ihren Symbolwesen und rechts und links, in sechs Nischen, Werke der Barmherzigkeit dargestellt. Darüber sind links Johannes der Täufer mit dem Lamm Gottes, rechts der Evangelist Johannes zu sehen. Der Portalsturz zeigt die klugen und törichten Jungfrauen, darüber, im Bogenfeld thronend, Christus als Weltenrichter zwischen Petrus und Paulus, die ihm ein Stifterpaar anempfehlen. Über dem Portal rufen zwei Engel mit Fanfaren die aus den Gräbern steigenden und sich bekleidenden Toten zum Jüngsten Gericht. Das Glücks- oder Lebensrad im Giebel über der Galluspforte symbolisiert die Unbeständigkeit des irdischen Glücks: nur der jeweils obersten der kleinen Figuren wird es zuteil.

Der Kirchenraum

Der Kirchenraum, 65 Meter lang und 32,5 Meter breit, wirkt ruhig und hell. Emporen begleiten Mittelschiff, Querhaus und Chor. Von den niedrigeren vier Seitenschiffen entstanden die beiden äusseren aus einer Reihe miteinander verbundener Kapellen. Ein Umgang umzieht den erhöhten Chor, worunter die Krypta liegt. Im Chorumgang befindet sich der Sarkophag der Anna von Hohenberg. Sie war die erste Gemahlin des Königs Rudolf von Habsburg, starb 1281 in Wien und wollte in Basel beerdigt werden, wo schon ihr 1276 verstorbenes Söhnchen Karl beigesetzt worden war. 1770 verlegte man ihre Gebeine ins Kloster St. Blasien; heute ruht sie in einer Gruft im Kloster St. Paul im Lavantal.

157 *Die Krypta im Münster.*

158 *Grabmal der Königin Gertrud Anna mit ihrem Söhnlein aus dem Jahre 1281.*

159–160 *Glasmalereien aus dem 19. Jahrhundert, «Zur Taufe Christi» (1857) von Johann Jakob Röttinger und «Die vier Evangelisten» (1857) von Franz Xaver Eggert.*

161 *Blick durch ein Masswerkfenster des grossen Kreuzganges.*

Die Krypta

Die Krypta, in die man zu beiden Seiten des Chores hinabsteigen kann, war vornehmste Grablege der Anfangszeiten. Sie birgt die Gräber von Basler Bischöfen des 10. bis 13. Jahrhunderts sowie Grabplatten weiterer Persönlichkeiten. Die romanischen Pfeilerfriese zeigen die Fabel vom kranken Löwen, der dem Wolf auf Anraten des Fuchses das Fell abzieht, sowie Hirschjagd, Sauhatz und Jäger mit Hund. In den um 1400 geschaffenen Deckenfresken erkennt man Szenen aus den Jugendjahren Jesu, aus dem Leben der Maria, des heiligen Martin von Tours und der heiligen Margarethe.

Die Kreuzgänge

An die Südseite des Münsters schliessen sich die Hallen der Kreuzgänge an. Der 1429 bis 1462 auf den Mauern eines spätromanischen Vorgängerbaus errichtete Grosse Kreuzgang, die an dessen Südflügel anstossende ehemalige Maria-Magdalena-Kapelle, der 1467 bis 1487 entstandene Kleine Kreuzgang an der Rheinhalde sowie die grosse, flach gedeckte Halle zwischen den beiden Kreuzgängen bilden diese stimmungsvolle Anlage. Die Wände decken zahlreiche schöne Grabplatten berühmter Basler Geschlechter, darunter die des Mathematikers Jacob Bernoulli (1654–1705), des Bürgermeisters Johann Rudolf Wettstein (1594–1666), des Philosophen Isaak Iselin (1728–1782) und des Humanisten Thomas Platter (1499–1582). In der Nähe des Eingangs zum Kreuzgang, an der Südseite des Münsters, findet man ein Standbild (Mitte 19. Jh.) des Reformators Johannes Oekolampad (1482–1531), der hier auch begraben liegt.

Die Grabtafel des Erasmus von Rotterdam im Seitenschiff des Münsters

Im äusseren nördlichen Seitenschiff trifft man auf Grabmale, unter denen die der Ritter, unter anderem Rudolf von Thierstein (gestorben 1318), in ihrer kühlen Ruhe mit den wachenden Löwen und Hunden ins Auge fallen, sowie auf die Grabtafel des 1536 in Basel verstorbenen Humanisten Erasmus von Rotterdam. Obwohl Erasmus bis zum Tod ein treuer Sohn der alten Kirche geblieben war, wurde seine sterbliche Hülle im reformierten Münster begraben. Dort hält an einem Pfeiler des nördlichen Seitenschiffs das im Auftrag seiner Freunde durch den Bildhauer Hans Menzinger im Jahre 1538 geschaffene marmorne lateinische Epitaph in goldenen Lettern die Erinnerung an den berühmten Gast unserer Stadt wach.

> *Die deutsche Übersetzung der lateinischen Inschrift lautet:*
>
> *«Christus dem Erlöser geweiht. Dem Desiderius Erasmus von Rotterdam, dem allseits grossen Manne, dessen unvergleichliche*
>
> *Bildung im ganzen Bereich der Wissenschaften, verbunden mit ebenbürtiger Klugheit, die Nachwelt bewundern und rühmen wird,*
>
> *haben Bonifacius Amerbach, Hieronymus Froben und Nicolaus Episcopius als Erben und Vollstrecker seines letzten Willens ihm,*
>
> *dem besten Schutzherrn, nicht für sein Andenken, das er selbst durch die Herausgabe seiner geistigen Arbeiten unsterblich*
>
> *gemacht hat, durch die es solange, als der Erdkreis stehen wird, weiterleben wird und mit den Gebildeten aller Völker sprechen wird,*
>
> *sondern für seinen sterblichen Körper, damit er bestattet werden kann, diesen Stein gesetzt. Er starb am vierten Tag vor den Iden*
>
> *des Juli, schon siebzig Jahre alt, im Jahre 1536 nach Christi Geburt.»*

Und ebenso ist dem Gedenken an Erasmus die Tafel an der letzten Stätte seines Wirkens gewidmet, am Haus «zum Luft», das nach den Worten des Humanisten und Arztes Theodor Zwinger «durch Leben und Sterben des Erasmus geadelt» bleibt: «In diesem Hause wohnte als Gast des Buchdruckerherrn Hieronymus Froben Erasmus von Rotterdam während seines letzten Lebensjahres vom August 1535 bis zum 11. Juli 1536.»

Der Marktplatz

Seit Jahrhunderten ist der Marktplatz, früher Kornmarkt geheissen, das wirtschaftliche und politische Zentrum Basels. Die erste Erwähnung eines Marktes stammt aus dem Jahre 1075. Anno 1191 ist erstmals die Rede vom Kornmarkt am Birsig, allerdings mit einer nur halb so grossen Fläche, war der Platz doch gegen den Birsig, welcher bis zur Mitte des 13. Jahrhunderts offen dahinfloss, abfallend.

Als im frühen 13. Jahrhundert Basel einen städtischen bürgerlichen Rat erhielt, war es geradezu selbstverständlich, dass das Rathaus an den Kornmarkt zu stehen kam. Seit 1290 tagte der Rat im Haus zum Pfauenberg und ab 1354 direkt gegenüber am Fuss des Martinsberges, wo die Geschicke von Stadt und Kanton noch heute entschieden werden. Das Rathaus, als Symbol des starken Bürgertums, war lange zugleich auch Richthaus: «Heisser Stein», Pranger und Halseisen standen stets in seiner Nähe.

Der Marktplatz, auf dem «dr Basler Märt» stattfindet, wurde im späten 19. Jahrhundert nach Nordwesten erweitert und von grossen Geschäftshäusern mit üppigen Fassaden eingerahmt.

162–163 *Marktstände auf dem Marktplatz*
aus der Vogelperspektive.

164 *Aussenfassade des Rathauses.*

165–166 *Mitten im Marktgeschehen.*

187

Das spätgotische Rathaus

Das rote Rathaus wurde in den Jahren 1507 bis 1513 auf dem Marktplatz in spätgotischen Formen erbaut. Nach ihrem Eintritt in die Eidgenossenschaft wollte die Bürgerschaft mit einem repräsentativen Bau aufwarten. An den Mittelbau des 16. Jahrhunderts wurde 1606 bis 1608 die nördlich angrenzende Vordere Kanzlei angefügt. 1898 bis 1904 kamen an der Marktfront rechts der Turm und links der Trakt mit dem Erker hinzu. Ausserdem wurden damals der rückwärtige Teil umgebaut und das angrenzende Staatsarchiv oben auf dem Berg errichtet, alles nach Entwürfen der Architekten Eduard Vischer und Eduard Fueter. Die eisernen Gitter vor der Eingangshalle stammen aus dem Jahre 1611, die Bronzetafel von 1537 am rechten Pfeiler erinnert an die früheren Hochwasser des heute unterirdisch fliessenden Birsig.

Die grösstenteils von Hans Bock 1608 bis 1611 angefertigten Fassadenmalereien wurden häufig restauriert, im 19. Jahrhundert übermalt und ergänzt und nach 1977 originalgetreu wiederhergestellt. Sie zeigen über den Portalen das Stadtwappen, Siegesgöttinnen mit Palmzweigen und links einen Kinderfestzug. Die Uhr schuf Meister Wilhelm 1511 bis 1512. Die Figuren auf dem Baldachin von Hans Thur stellen die Stadtheiligen Kaiser Heinrich II. und Kunigunde dar; in der Mitte ist die Justitia zu sehen, die aus einer Marienfigur 1608 umgearbeitet wurde, oben ein Geharnischter mit Banner und Schwert. In der von Netzgewölben überspannten Eingangshalle befinden sich Szenen aus der jüdischen Geschichte, gleichfalls von Hans Bock, links das «Gericht über König Herodes», rechts die «Ermahnung des Josaphat an die Richter».

Von der Galerie betritt man das Vorzimmer zur Ratsstube, in dem ein reich eingelegter Ratstisch von 1675 mit Schildkröten als Füsse zu finden ist, ebenso eine kunstvolle Wendeltreppe aus Sandstein (Daniel Heintz, 1581), das Wandbild der bestechlichen Gerechtigkeit (Hans Bock, 1611) und die Verleumdung Isabels. Die anschliessende Vordere Ratsstube ist heute der Regierungsratssaal. In diesem beeindrucken die Holztäfelung und die Balkendecke mit ihren Verzierungen. Im Obergeschoss befindet sich der um 1900 gestaltete Grossratssaal für die 130 Kantonsabgeordneten mit Wandbildern von Emil Schill.

Lucius Munatius Plancus – der unheilige Stadtpatron

Die bemalte Steinfigur des Lucius Munatius Plancus (87–15 v. Chr.), des römischen Gründers von Augst und Basel, im Hof des Rathauses am Fuss der Freitreppe schenkte 1580 Hans Michel der Stadt als Dank für sein 1574 kostenlos erhaltenes Bürgerrecht. Unter den eigentlichen Basler Denkmälern ist es das älteste. Es ist ein wohlgelungenes Werk, das uns noch heute als Zeugnis der virtuosen Kunst des deutschen Frühbarocks beeindruckt.

Plancus, Schüler Ciceros in der Redekunst, begann seine militärische Laufbahn im Heere Caesars im Gallischen Krieg, wo er bis zum Legaten aufstieg. Noch kurz vor seiner Ermordung übertrug Caesar seinem Günstling die Statthalterschaft Galliens. In dieser Funktion hielt sich Plancus in Gallien auf, und kraft dieses Amtes konnte er eine Kolonie gründen. Noch zu Lebzeiten liess er sich auf dem Kap von Gaeta, zwischen Rom und Neapel, das grossartige Mausoleum bauen, das noch heute zu bewundern ist. Darauf ist die Inschrift zu lesen, die ihn 1500 Jahre später in Basel so verehrungswürdig machte, dass er zu einer Art unheiligem Stadtpatron geworden ist. Die Grabinschrift zählt seine Taten im Dienste des Staates auf:

> *L(ucius) MVNATIVS L(uci) F(ilius) L(uci) N(epos) L(uci) PRON(epos) PLANCVS CO(n)S(ul) CENS(or) IMP(erator)*
> *ITER(um) VII VIR EPVLON(um) TRIVMP(havit) EX RAETIS AEDEM SATVRNI FECIT DE MANIBIS AGROS DIVISIT IN ITALIA*
> *BENEVENTI IN GALLIA COLONIAS DEDVXIT LVGVDVNVM ET RAVRICAM.*
>
> *«Lucius Munatius Plancus, Sohn des Lucius, Enkel des Lucius, Urenkel des Lucius, Konsul, Zensor, zweimal zum Feldherrn*
> *ausgerufen, Mitglied des Siebnerkollegiums für Götter-Speisungen, triumphierte über die Raeter, stellte aus der Kriegsbeute*
> *den Tempel des Saturn her, verteilte das Ackerland in Italien zu Benevent und gründete in Gallien die Kolonien Lyon und Raurica.»*

Munatius Plancus ist eine der interessantesten Erscheinungen einer interessanten Zeit gewesen. Die Raurikische Kolonie des Plancus lebt fort in der späteren Stadt Augusta Raurica mit ihrem Umgelände im Gebiet des kleinen gallischen Stammes der Rauriker. Problematisch bleibt, dass die ältesten Fundschichten der Stadt nur bis in die augusteische Zeit um 15 bis 10 v. Chr. zurückreichen.

167 Neugotischer Rathausturm und goldener Dachreiter.

168 Beflaggte Aussenfassade am Marktplatz.

169 Innenhof mit Blick himmelwärts.

170 Innenfassade Hofseite.

171 Die Munatius-Plancus-Statue im Hof des Rathauses.

Die Altstadtgassen beim Spalenberg

Gegenüber dem Rathaus münden mehrere Gassen in den Marktplatz. Durch die Sattelgasse kommt man zum Restaurant Gifthüttli, an dessen Dachfirst sich ein «Lällekönig» befindet. Beim Restaurant Hasenburg führt rechter Hand ein Durchgang zum Andreasplatz. In der Pflasterung im Boden kann man erkennen, dass auf diesem Platz einst eine Kirche gestanden hatte. Die Andreaskirche gehörte – bis sie 1791 abgerissen wurde – der Safranzunft. Diese hatte hier ihr Zunfthaus, bis es Ende des 14. Jahrhunderts an die Gerbergasse verlegt wurde.

Die Treppe, welche vom Andreasplatz hinten weiterführt, mündet ins Imbergässlein. Eigentlich müsste es Ingwergässlein heissen, weil hier im Mittelalter die Gewürzhändler gewohnt haben. Im Pfeffergässlein findet man das Konsulat des Kingdom of Lepmuria, ein Land, das übrigens gar nicht existiert! Hier befindet sich nämlich der Fasnachtskeller der Rumpelclique (Rumpel rückwärts gelesen ergibt Lepmur!).

Das Imbergässlein mündet oben in den Nadelberg. Ursprünglich hiess er wohl Adelberg, weil sich hier die Adelsfamilien angesiedelt hatten. Gegenüber dem Haus «Zur Alten Treu», Nadelberg 17, wo Erasmus von Rotterdam während seines zweiten Basler Aufenthaltes von 1522 bis 1529 gewohnt hatte, befinden sich die Gebäude alter Adelshöfe, der Zerkindenhof und das Schöne Haus. Das Schöne Haus am Nadelberg 6 gehört zu den Gebäuden, die das Erdbeben von 1356 überstanden haben, da es sehr solid gebaut war. Noch heute befinden sich im Innern zwei Säle mit bemalten Deckenbalken aus dem zweiten Drittel des 13. Jahrhunderts, Kostbarkeiten europäischen Ranges. Es sind in einem Saal Fabelwesen dargestellt, während im anderen Ritterwappen vom Oberrhein zu bewundern sind. Das Schöne Haus – im Mittelalter «Domus pulchra» geheissen – galt schon immer als besonders sehenswertes Gebäude, und Enea Silvio Piccolomini schrieb während des Basler Konzils, dass hier die schönsten Frauen von Basel zum Tanz erschienen seien! Heute gehört das Haus zur Universität.

172 *Heuberg, von rechts: Haus Nr. 16 «zum Breisach», Nr. 18 «zum Engelberg», Nr. 20 «zum Helfenberg» und Nr. 22 «zum Waldshut».*

173 *Spalenberg abwärts.*

Der Rosshof im Geviert Petersgraben, Rosshofgasse und Nadelberg

Der Rosshof war einst ein Herrenhaus mit prachtvoller Louis-XVI.-Fassade. In diesem Haus führte 1795 der französische Gesandte François Marquis de Barthélemy die Verhandlungen zuerst für den Frieden zwischen Frankreich und Preussen und dann noch zwischen Frankreich und Spanien. Folgenschwer erwiesen sie sich für Deutschland, weil Preussen alle linksrheinischen Lande «vorläufig» an Frankreich abtrat. Ein Durchgang führt in einen Hof, wo sich ursprünglich die Stallungen der Pferde befanden, die mit den Fuhrwerken durch das Spalentor in die Stadt kamen und hier ausgeschirrt wurden. In Erinnerung daran findet man heute im Boden eingelegt weisse Streifen mit insgesamt 58 Namen darauf. Es handelt sich durchwegs um Namen berühmter Pferde, zum Beispiel treffen wir hier das Rösslein Hü aus Ursula M. Williams' Kinderbuch oder Rosinante, das Pferd des Don Quijote. Das Ganze ist ein Kunstwerk von Hannes Vogel. Ganz hinten rechts sind an einer modernen Wand kleine Täfelchen mit allen aufgeführten Pferden und ihrer Herkunft angeschrieben. Die neuen modernen Gebäude beherbergen seit 1988 das Wirtschaftswissenschaftliche Zentrum (WWZ) der Universität Basel. Der Bau des neuen «Rosshofs» war ein jahrelanges Politikum. Die Zürcher Architekten Naef, Studer & Studer haben eine komplexe Kubatur errichtet, die formalästhetisch und in ihrer Materialität überzeugt. Die Liebhaber der mittelalterlichen Altstadt erhalten mit der sandsteinverkleideten Schildmauer am Petersgraben ein Stück Erinnerung an die Stadtbefestigungen zurück und mit der diagonalen Fussgängerverbindung Petersplatz–Spalenberg neue Ansichten des alten Rosshofs geboten. In den Räumlichkeiten des Wirtschaftswissenschaftlichen Zentrums ist der kühle Luxus, wie er in den oberen Etagen eines dynamischen Unternehmens herrscht, vorweggenommen, und in den Maisonnettewohnungen in den oberen Geschossen findet eine verwöhnte Mieterschaft den Komfort gepflegter Wohnkultur.

Basels erste Hebamme im Imbergässlein

Die dokumentarische Überlieferung über die Liegenschaft Imbergässlein 31 setzt anno 1345, elf Jahre vor dem grossen Erdbeben, ein. Im Jahre 1440 erwarb Else Rychartin das Haus zum Preis von fünf Gulden. Sie war die erste Basler Hebamme, die wir mit Namen kennen. Gleich ihren Nachfolgerinnen stand sie im Dienst der Stadt, von der sie für ihre Leistungen eine Entschädigung von zehn Schilling bezog. Die Pflichten der Hebammen wurden erstmals geregelt in dem im offiziellen «Eidbuch» bewahrten, aus dem 15. Jahrhundert stammenden «Hebammeneid». Danach hatten die Hebammen zu schwören, bei Tag und bei Nacht der Aufforderung zur Hilfeleistung gegenüber Reich und Arm sogleich Folge zu leisten und den Frauen in ihrer schweren Stunde getreulich und aufs Beste mit allem Fleiss beizustehen, «als gälte es ihr eigen Leib und Leben». Die grosse Aufmerksamkeit, die der städtische Rat früh schon dem Hebammenwesen zuwandte, erklärte sich aus der Tatsache, dass sich im Mittelalter keine Ärzte der Geburtshilfe widmeten.

Das Haus «zum dürren Sod» am Gemsberg

Auf der rechten Seite des Aufstiegs vom Spalenberg zum Heuberg steht oberhalb des «Löwenzorns» am Gemsberg 6 das Haus «zum dürren Sod». Es trägt seinen Namen nach einem uralten Sodbrunnen, der indessen schon 1318 aufgehoben wurde, weil das Wasser versiegte. Die Geschichte des Hauses lässt sich bis ins Jahr 1291 zurückverfolgen. Vor ihrer ersten urkundlichen Erwähnung war die ursprünglich dem Kloster St. Leonhard als Grundbesitzerin zustehende Liegenschaft «zum dürren Sod» von einem der Domkaplane namens Heinrich bewohnt.

174 Imbergässlein: Haus Nr. 25 «zur Eiche» und Nr. 27 «zum Eichbaum».

175 Pfeffergässlein: Haus Nr. 9 «zum Einhorn» und Nr. 11 «zur Gans» mit dem «Consulate Kingdom of Lepmuria».

176 Aussicht vom Leonhardskirchplatz auf das Lohnhofgässlein.

177 Türschild des Restaurants «Safran Zunft» an der Gerbergasse 11.

Das Basler Zunftwesen

Die Zünfte übten jahrhundertelangen Einfluss aus. Der deutsche Ausdruck «Zunft» geht zurück auf das mittelhochdeutsche Verbum «zemen», unser heutiges «ziemen». Er bezeichnet eigentlich, was sich schickt und gehört, im weiteren Sinne Regel und Ordnung. Seit dem späten Mittelalter verstand man unter Zünften obrigkeitlich anerkannte Organisationen der selbstständigen Handwerker und Handel Treibenden, welche durch ihre Berufsordnungen ihren Angehörigen die Ausübung eines bestimmten Gewerbes gewährleisteten, durch den Zunftzwang aber die Ausübung dieses Gewerbes auf die Angehörigen der betreffenden Zunft beschränkten.

Als erste Zunft wurde 1226 die der Kürschner gegründet. Bauleute und Metzger folgten 1248. Besonders in Basel waren etliche Jahrhunderte lang die Zünfte Träger des Staates. Sie bestimmten weitgehend seine Politik und machten so recht eigentlich Geschichte. Die zunehmende Selbstständigkeit der Bürgerschaft, die am Ende des 12. Jahrhunderts einen Rat erhielt, bekundete sich in zunächst vergeblichen, später aber erfolgreichen Versuchen, der Herrschaft des Bischofs ein Ende zu bereiten. Erst im 19. Jahrhundert büssten die Zünfte, als Folge der Ereignisse, welche die Französische Revolution eingeleitet hatte, Macht und Einfluss so gut wie vollkommen ein. Auch weiterhin blieben sie Korporationen des öffentlichen Rechts, und zwar nicht nur die 20 Zünfte – Zum Schlüssel, Zu Hausgenossen, Zu Weinleuten, Zu Safran, Zu Rebleuten, Zu Brotbecken, Zu Schmieden, Zu Schuhmachern, Zu Gerbern, Zu Schneidern, Zu Kürschnern, Zu Gartnern, Zu Metzgern, Zu Spinnwettern, Zum Goldenen Stern, Zum Himmel, Zu Webern, Zu Fischern, Zu Schiffleuten und die Akademische Zunft –, sondern ebenfalls die Drei Ehrengesellschaften Kleinbasels – Zum Rebhaus (Ehrenzeichen: Leu), Zur Hären (Ehrenzeichen: Wilder Mann) und Zum Greifen (Ehrenzeichen: Vogel Gryff) – sowie die fünf Vorstadtgesellschaften – Zur Mägd, Zur Krähe, Zu den Drei Eidgenossen, Zum Rupf und Zum Hohen Dolder – und die Bürgerkorporation Kleinhüningen. Seit über 100 Jahren sind sie der Aufsicht des Bürgerrats unterstellt.

Die vier Herrenzünfte

An der Spitze der Basler Zünfte stehen die vier Herrenzünfte zum Schlüssel (Kaufleute), zu Hausgenossen (Wechsler und Goldschmiede), zu Safran (Krämer) und zu Weinleuten. Ihre Angehörigen bildeten das Mittelglied zwischen den vornehmen Achtburgern und den Handwerkern; im Rat wurden sie als «Herren» tituliert, im Gegensatz zu den Genossen der Handwerkerzünfte, die man als «Meister» anredete. Sämtliche vier Herrenzünfte besitzen noch heute ihre eigenen Zunfthäuser, von denen zwei bekannte Gaststätten sind. Das eine von ihnen ist das Haus der Schlüsselzunft, das als einziges der einst zahlreichen Zunfthäuser an der Freien Strasse seinen historischen Charakter bewahrt hat, das andere das Haus der Safranzunft.

Das Zunfthaus zum Schlüssel

Die Schlüsselzunft war die Korporation der Kaufleute, denen das Monopol im Handel mit schweren und kostbaren Tuchen zustand. Erstmals erwähnt ist sie im Jahre 1357, in dem sich die Zünfte die Mehrheit im Rat erkämpften; doch reichen ihre Anfänge vermutlich viel weiter in die Vergangenheit zurück. 1455, das heisst während des grossen Konzils, das Basel in den Jahren 1431 bis 1448 zum Mittelpunkt der abendländischen Christenheit und zur mittelalterlichen Weltstadt erhob, ging das Haus «zum Schlüssel», nach dem sich die Zunft fortan benannte, in den Besitz der Korporation über. Dessen Erwerb empfahl sich den Kaufleuten besonders durch die günstige Lage gegenüber dem städtischen Kaufhaus, an dessen Stelle später die Hauptpost erbaut wurde. Während des Konzils wurde das Erdgeschoss Tuchhändlern, Goldschmieden und Wechslern für ihre geschäftlichen Zwecke zur Verfügung gestellt.

Unter dem kunstsinnigen und prachtliebenden Zunftmeister Matthias Eberler entschloss sich dann die Zunft im Jahre 1482, auf der Liegenschaft einen stattlichen, auf ihre speziellen Bedürfnisse zugeschnittenen Neubau zu erstellen. Charakteristisch war die dreiseitig offene Halle des Erdgeschosses im Vorderhaus, wo sich bei einem militärischen Aufgebot die Zunftgenossen um das Zunftbanner scharten. Später wurde diese Halle ihrem ursprünglichen Zweck entfremdet und an Buchdrucker, Buchhändler und Apotheker vermietet, die dort ihre Läden einrichteten. Im ersten Stockwerk lag der grosse Saal, in dem die Beratungen und Gelage der Zunft abgehalten wurden, und im Hinterhaus wurde die Küche untergebracht. Im zweiten Obergeschoss befand sich die Wohnung des Stubenknechts oder Zunftwirts. Manche Inhaber dieses Amtes genossen einen grossen Ruf als Köche; noch zu dem berühmten Dinner der drei alliierten Monarchen – Kaiser Franz von Österreich, Zar Alexander I. von Russland und König Friedrich Wilhelm III. von Preussen –, das im Januar 1814 im «Blauen Haus» am Rheinsprung stattfand, wurde der Traiteur Geymüller von der «Schlüsselzunft» zugezogen.

Aus dem Jahre 1650 stammt die prächtige Treppe. Ein weiterer Umbau in den 1730er-Jahren brachte eine vollkommene Neugestaltung der Fassadenfront im Stil des fortgeschrittenen Dixhuitième, mit einer Vergrösserung und feingliedrigen Umrahmung der Fenster, welche durch die prächtig geschmiedeten Brüstungsgitter ihren besonderen Schmuck erhielten. So präsentiert sich das Zunfthaus «zum Schlüssel» in seinem heutigen Bestand als ein aus den verschiedensten Bauepochen zusammengesetztes Gebilde: Der reizvolle Bogenfries wie die auf der Seite des Schlüsselbergs freigelegten Fenster samt dem dortigen ehemaligen Eingang mit Rundbogen verweisen in die Zeit der Gotik; im Grundriss bleibt die Einteilung der spätmittelalterlichen Zunftliegenschaft deutlich erkennbar; die Fassade aber trägt in ihrer kunstvollen Ausgestaltung das Gepräge des Barocks. Mit viel Einfühlungsvermögen und Geschick haben beim Umbau im Jahre 1985 Bauherrschaft und Architekten diese verschiedenen Elemente zu bewahren vermocht und dennoch eine Lösung gefunden, welche den Anforderungen eines modernen Gastwirtschaftsbetriebes entspricht. So ist der Sitz der ersten Basler Herrenzunft das wertvolle historische Baudenkmal geblieben, auf das nicht nur die Zunft selbst, sondern ganz Basel stolz sein darf.

Das Zunfthaus zu Safran

Die Zunft zu Safran ist eine der vier Herrenzünfte unter den 20 Basler Zünften, die im Mittelalter entstanden sind. Schon früh bestand eine Vorliebe, nebst den Gewürzhändlern andere neue Handwerker in die Safranzunft aufzunehmen wie zum Beispiel Zuckerbäcker, Apotheker, Perückenmacher, Seidenhändler oder auch Abenteurer. 1345 erstmals erwähnt wurde das damals am Andreasplatz gelegene Lokal als Trinkstube der Gewürzhändler. 1423 erwarb die Zunft zu Safran das jetzige Grundstück für 450 Gulden und baute ihr Zunfthaus. Weil die Gerbergasse verbreitert wurde, musste es 1899 einem Neubau weichen. Dieser sollte wiederum den «historischen Charakter eines alten Zunfthauses kräftig zum Ausdruck» bringen. Am 20. Januar 1902 konnte es offiziell eingeweiht werden.

Die «Safran Zunft» ist eine der Fasnachts-Hochburgen in Basel. Im Restaurant und im Zunftsaal treten die besten «Schnitzelbängg» auf, viele Fasnächtler treffen sich in der Bierschwemme zu einem kühlen Bier, und verschiedene Cliquen und «Guggemuusige» kommen zum Nachtessen. Das Eichentäfer der Vorgesetztenstube stammt noch aus dem alten Zunfthaus von anno 1750. Durch das Auffalten einer Täferwand kann sie mit der Andreas-Ryff-Stube verbunden werden. Das Gewürzkämmerli ist ein kleiner, schlichter Raum für intime Geschäftsessen oder kleine Familienanlässe. Nach dem Wappenzeichen der Safranzunft, der Gilge, das heisst der Lilie, wurde die Gilgenstube benannt, ein heller, in den Zunftfarben Grün und Gelb gehaltener Raum. In einer Glasvitrine ist ein Teil des Zunftschatzes ausgestellt. Die wichtigste Bedeutung des Zunftsaales besteht noch heute darin, jeweils am Aschermittwoch die Zunftbrüder zu Safran zum Mittag- und Abendessen zu beherbergen. Die beiden grossen Wandgemälde stellen Szenen aus dem Safrankrieg von 1374 dar. Die Fenster werden geschmückt von Wappen der Basler Zünfte und Ehrengesellschaften. Die wunderschöne dreifach gewölbte Decke ist mit farbigen Ranken bemalt. Die kleinen Köpfe an der Decke sollen als Schutzgeister das Haus vor Unwetter und Blitzschlägen bewahren.

«D Dalbe»

Die äusseren Teile der St. Alban-Vorstadt bis zum St. Alban-Tor stehen unter dem Zeichen des späten, eleganten Klassizismus. Das hohe, viereckige St. Alban-Tor, in seinem unteren Teil mit durchgehenden Buckelquadern geschlossen, geht noch ins 13. Jahrhundert zurück, wo es als Vorstadtbefestigung diente. Nach dem Erdbeben von 1356 wurde es in den oberen Partien ausgebaut. Es besitzt in der Durchfahrt eine kräftige Balkendecke. 1871 wurde das Tor stark verändert und das Wachhaus auf der Rheinseite angefügt. 1976 hat man das Tor restauriert und das Dach auf seine ursprüngliche Höhe zurückgeführt.

Die Strasse St. Alban-Berg verläuft vorbei am Haus «Zem halben Bären» (1289) und dem malerischen Pfefferhof (1683) über den auch «Dalbedych» genannten Gewerbekanal St. Alban-Teich zu einem halbrunden Stadtturm. Diesen verbindet die noch erhaltene Stadtmauer mit einem zweiten Turm. Von dort führt die Mauer mit einem gedeckten Wehrgang zum St. Alban-Rheinweg. Den Letziturm, früher direkt am Rheinufer, zieren eine geschwungene Haube und Reliefs an den Schiessscharten. Im St. Alban-Tal 43 ist seit 1986 die Münsterbauhütte eingerichtet. Nur einen Steinwurf entfernt befindet sich die Gallicianmühle, die als Basler Papiermühle in das lebendige Museum für Papier, Schrift und Druck umfunktioniert worden ist. Der Bau zählt zu den ältesten Papiermühlen der Stadt. Aus diesen entwickelten sich bereits im 15./16. Jahrhundert Druckereien. Basel wurde in der Folge zu einem Zentrum der Papierherstellung und des Buchdrucks. Im Museum sind auch Vorläufer des Papiers und Dokumente zur Papiergeschichte zu sehen.

In unmittelbarer Nähe liegt hinter einer Kastanienallee die reformierte St. Alban-Kirche mit dem ältesten romanischen Kreuzgang der Schweiz. Sie ist nach dem irischen Glaubensboten St. Alban benannt. Schon im Jahre 1083 wurde von Bischof Burkhard von Fenis hier ein Cluniazenser-Kloster gegründet. Ihm ist auch die erste Stadtummauerung zu verdanken. Diese Mauer des 11. Jahrhunderts wird deshalb auch Burkhard'sche Mauer genannt. Der Bischof schenkte dem Kloster viel Land. Es erstreckte sich von der Stadtmauer (beim heutigen Kunstmuseum) bis nach St. Jakob. 1845 wurde die St. Alban-Kirche von Johann Jacob Stehlin d. J. umgebaut, das Innere 1911 renoviert; derzeit dient sie unter anderem der russisch-orthodoxen Gemeinde. Auffallend sind die Grabplatten und die Pflanzenmotive an den Kapitellen. Die Klosterbauten wurden im 19. Jahrhundert erhöht und zu Wohnungen umgebaut. Vom Kreuzgang blieben der Nord-Flügel aus dem 11. Jahrhundert und die Grabplatte Rudolf von Brünighofens (1385–1405) übrig.

Am Rheinufer des St. Alban-Tals liegt innerhalb einer alten Häuserzeile der Gasthof zum Goldenen Sternen, das älteste Wirtshaus der Schweiz, das von 1412 bis 1965 in der Aeschenvorstadt stand, dann aber dem Strassenbau weichen musste und 1972 bis 1975 im St. Alban-Tal wieder aufgebaut wurde. Dekorationsmalereien aus der Spätgotik und dem 17. Jahrhundert, die bemalte Balkendecke und die Reste von Wandmalereien aus dem 16./17. Jahrhundert in den Sälen geben dem historischen Gebäude eine besondere Note.

178–179 Restaurant St. Alban-Eck von 1260,
         «Dalbeysli» von 1411.

180   St. Alban-Tal: äussere Stadtmauer
         mit dem 23 Meter hohen Schalenturm.

204

181 «Dalbedych»: Gewerbekanal,
abgeleiteter Flussarm der Birs.

182 St. Alban-Kirche.

183 St. Alban-Tor.

«S minder Basel»

Das Kleinbasel hat seine ganz eigene Entstehungsgeschichte. Ursprünglich befanden sich auf dieser Seite des Rheines zwei Dörfer, Ober-Basel und Nieder-Basel. Nieder-Basel war mit einem Fährbetrieb mit der anderen Rheinseite verbunden. Als der Bischof um 1225 die Rheinbrücke baute, wollte er den wertvollen Bau auch auf der gegenüberliegenden Seite schützen. So zog er eine Mauer um den Brückenkopf und bat die Bewohner von Nieder-Basel und Ober-Basel, sich in den Schutz der Mauer zu begeben, was die Leute sehr gerne taten, waren sie doch nun besser geschützt. Das war der Anfang von Kleinbasel. Kleinbasel war eine Siedlung für sich, mit eigenem Rat und Gericht, von Grossbasel unabhängig. Politisch unterstand es zwar dem Bischof, kirchlich jedoch hatte dieser nichts zu sagen! Die rechte Rheinseite gehörte, wie das Wiesental und der Breisgau, zum Bistum Konstanz.

Ende des 14. Jahrhunderts sah es danach aus, dass der Bischof Kleinbasel an das Haus Habsburg verkaufen könnte, denn als Pfand hatte dieses den Ort bereits erhalten. Kurz entschlossen kaufte die Stadt Basel 1392 dem Bischof Kleinbasel ab für 30 000 Gulden. Noch lange nach dem Kauf durch Grossbasel hatte Kleinbasel sein eigenes Gericht, und auch die Handwerker formierten sich nicht in Zünften wie in Grossbasel, sondern in Ehrengesellschaften. In Kleinbasel haben vor allem einfache Leute gewohnt, Handwerker, Bauern, Fischer und Rebleute. Nur wenige Begüterte waren darunter.

Das Waisenhaus – die ehemalige Kartause

Das Kloster, wo sich heute das Waisenhaus befindet, wurde im Jahre 1401 vom Oberstzunftmeister Jakob Zibol gegründet. Normalerweise wurde ein Kloster von einer hoch gestellten Persönlichkeit gestiftet, einem Bischof oder einem Fürsten, hier jedoch von einem Oberstzunftmeister! Während des Basler Konzils (1431–1448) war die Blütezeit des Klosters. Da es das vornehmste und neueste war, bot es die beste Unterkunft, und so wohnten bedeutende Konzilsteilnehmer in seinen Mauern. Es wurde auch zum bevorzugten Bestattungsort. Zahlreiche Grabplatten und Totenschilde in der Klosterkirche zeugen noch heute davon: Die Bischöfe von Bologna, Utrecht, Como, Rochester und Worcester, der Patriarch von Aquileja, der Gesandte des Königs von Neapel, sowie der Kardinal und Erzbischof von Arles, Ludovicus d'Aleman, haben in der Klosterkirche ihre letzte Ruhe gefunden. Die Grabtafeln und Totenschilde sind eine Kostbarkeit in der Klosterkirche, genauso wie die Glasfenster (auch aus dem 15. Jh.), von denen vor allem die Scheibe des Henman von Offenburg erwähnt werden muss. Es ist die früheste Abbildung eines Apothekers nördlich der Alpen. Ausserdem ist eine prunkvolle Gaststube, «Zschekkenbürlin-Stube» genannt, im Waisenhaus erhalten. Hieronymus Zschekkenbürlin, der letzte Prior, stiftete sie 1509. Sie ist die einzige original erhaltene gotische Stube in Basel und zeigt aufs Schönste, wie ein spätgotischer Wohnraum ausgesehen hat.

Nach der Reformation durften keine neuen Mönche mehr aufgenommen werden. 1669 richtete man darin ein «Zucht- und Waisenhaus» ein. Erst 1754 ermöglichten bauliche Veränderungen die Trennung der Waisen von den Gefangenen. Heute finden hier um die 60 Kinder und Jugendliche ihr Zuhause.

184 Kleinbasler Ufer zwischen Wettstein-
     brücke und Mittlerer Brücke.

185 Hotel Krafft am Rhein (links), das
     Kulturfloss «im Fluss» (rechts).

186 Fassaden am Kleinbasler Ufer.

187 Attraktive Wohnungen im Kleinbasel.

188 Restaurant zum Torstübli an der
     Riehentorstrasse 27.

Das Kloster Klingental

Der Gründungsbau des Klosters Klingental geht auf das Jahr 1274 zurück. Damals liessen sich hier zwölf Dominikanerinnen nieder. Der Name des Klosters stammt von dessen Gönner, dem Minnesänger und Ritter Walter von Klingen. 1293 wurde die Klosterkirche geweiht. Jenseits der Kirche liessen die Nonnen grosse Wohngebäude errichten, sodass der erste Bau den Laien des Klosters überlassen werden konnte. Nach 1508 wurde der rheinseitige Flügel dieses Gebäudes als Gästehaus angefügt.

Einige historische Räume des ersten Klostergebäudes haben sich erhalten. Der Dachstuhl über dem Refektoriumsflügel geht auf das Jahr 1274 zurück. Das Kloster Klingental, in dem zu seinen besten Zeiten 52 Nonnen lebten, war das reichste und vornehmste Kloster Basels. Es wurde im Zuge der Reformation 1557 aufgehoben und seitdem anderweitig genutzt. 1860 mussten die Wohngebäude jenseits der Kirche dem Bau der Kaserne weichen. Seitdem erinnern nur noch der «Kleines Klingental» genannte Gründungsbau sowie die Kirche an die Existenz des Klosters.

Kleinhüningen und die Basler Rheinschifffahrt

Vom einstigen Dorf Kleinhüningen sind, etwas versteckt an der Dorfstrasse, noch ein paar alte Häuser und die Kirche mit einer Zwiebelhaube auf dem Turm erhalten. Ansonsten ist das Dorf den Hafenanlagen, den Strassen und den Industriebauten zum Opfer gefallen. Die Rheinschiffe liefen Basel bereits im Mittelalter an. Doch seine Bedeutung als Wasserstrasse erlangte der Rhein erst im 19. Jahrhundert mit dem Aufkommen der Dampfschifffahrt. Als erstes Dampfschiff traf 1832 die «Stadt Frankfurt» in Basel ein. Die Mannheimer Akte, 1868 von den Anliegerstaaten Baden, Bayern, Frankreich, den Niederlanden und Preussen unterzeichnet, sicherte den ungehinderten, von Abgaben freien Verkehr auf dem Rhein. Der erste Schleppkahn traf 1904 in Basel ein; seine Fracht musste über behelfsmässige Ladeanlagen gelöscht werden.

Heute wird der Schiffsverkehr auf dem Rhein durch die in Strassburg ansässige, international zusammengesetzte Rheinzentralkommission geregelt. Der Struktur der Schweizer Wirtschaft entsprechend, dominiert im Basler Hafen die Einfuhr von Rohstoffen über die Ausfuhr von hochwertigen Fertigwaren. Der Anteil der Basler Rheinhäfen am Aussenverkehr der Schweiz ist in den letzten Jahren deutlich geschwunden, betrug er doch zu Beginn der sechziger Jahre mehr als 30 Prozent. Doch mit den heute immerhin noch 15 Prozent ist er volkswirtschaftlich nach wie vor von recht grosser Bedeutung.

Der Rheinhafen Kleinhüningen umfasst zwei Becken. Das Hafenbecken I, 1919 bis 1926 parallel zum Rhein angelegt, ist 740 Meter lang, 60 bis 100 Meter breit und 3,5 Meter tief. Das 1936 bis 1942 quer dazu gebaute Hafenbecken II, 695 Meter lang, 60 Meter breit und 3,5 Meter tief, ist durch einen Kanal zu erreichen.

Auf der Westquaiseite gelangt man zum Dreiländereck zwischen dem Rhein und dem Hafenbecken I. Der sehr elegante Metallpylon, der je nach Fantasie an ein Projektil oder an eine aufblühende Knospe erinnert, soll den Punkt markieren, wo die Grenzen Frankreichs, der Schweiz und Deutschlands zusammenkommen. Der eigentliche Grenzpunkt liegt aber 200 Meter weiter flussabwärts, in der Mitte des Rheins. Zwei Monumente erinnern im Basler Rheinhafen an Rudolf Gelpke (1873–1940), den Pionier des Anschlusses der Schweiz an die Grossschifffahrt: der Gelpke-Brunnen von Willy Hege und die Gelpke-Büste von Alexander Zschokke.

189 Blick vom Siloturm des Rheinhafens
   Kleinhünigen in Richtung Basel West
   (Industriezone).

190 Das Tor zur Welt.

191 Container warten auf ihre Verladung.

192 Symbolisierung der Schifffahrt
   am Eingang des Schifffahrtsmuseums.

193 Dreiländereck.

Der Badische Bahnhof

Der graugelbe Badische Bahnhof, der von der Deutschen Bundesbahn betrieben wird, wurde von Karl Moser, dem Erbauer der Pauluskirche und der Antoniuskirche, 1912/13 im Jugendstil errichtet. Über dem Eingang befinden sich allegorische Figuren von Oskar Kiefer, vor dem Bahnhof Brunnenplastiken von Carl Burckhardt (1912). Nach dem Passieren des deutschen Zolls erreicht man die Bahnlinien nach Waldshut, ins Wiesental und durch das Rheintal, auf denen die internationalen Züge verkehren. Der erste Badische Bahnhof war von 1859 bis 1862 in neobarocken Formen am Riehenring entstanden, wo heute die Hallen der Mustermesse stehen. 1931 wurde er abgerissen.

194   *Badischer Bahnhof.*

195   *Mittelgebäude des Bahnhofs.*

Das Haus «zur Sandgrube»

In der Rosentalanlage neben der Riehenstrasse steht noch eine runde, klassizistische Kapelle, von Melchior Berri 1832 errichtet. Das Haus «zur Sandgrube», an der Riehenstrasse 154, liess sich 1745/46 der Bandfabrikant und Oberzunftmeister Achilles Leissler durch Johann Jacob Fechter und Steinmetz Daniel Büchel als Sommersitz bauen. Den offenen Hof, der von der Strasse durch kunstvoll geschmiedete Gitter abgetrennt ist, begrenzen rechts und links niedere Pavillons, in denen einst die Stallungen und Remisen lagen. Der in anmutigen Rokokoformen gehaltene Hauptbau der Sandgrube besitzt einen leicht vorgewölbten Mittelteil aus rotem Wiesentäler Sandstein.

1804 ging das Anwesen an die Familie Merian. 1951 und 1958 wurden die Sandgrubenschulen I und II auf der Ostseite des grossen Areals errichtet, das seinen Namen vom früher hier betriebenen Sandabbau erhielt. 1957 bis 1959 wurde der Rokokobau grundlegend restauriert, von Anbauten des 19. Jahrhunderts befreit und für das Kantonale Lehrerseminar (gegr. 1925) eingerichtet.

196 Haus «zur Sandgrube». 217

197–198 Kunstvoll geschmiedete Gitter
an Fenster und Zaun.

Das Historische Wirtshaus zu St. Jakob

Bei St. Jakob führte schon in römischer Zeit ein wichtiger Übergang über die Birs. Seit dem Mittelalter wurde für die Benutzung der Stege ein Zoll erhoben. Für das 13. Jahrhundert ist das an der Strasse nach St. Jakob gelegene Siechenhaus bezeugt, dem seit 1328 die Zolleinnahmen zugute kamen. Die Bezeichnung St. Jakob wird allerdings erst 1419 urkundlich erwähnt, als Name der zum Siechenhaus gehörenden Kapelle, der Vorgängerin des heutigen St. Jakobs-Kirchleins. Der heilige Jakob war der Schutzpatron sowohl der Reisenden als auch der Kranken. Den Brückenzoll zog ein obrigkeitlich eingesetzter Zöllner ein. Dieser durfte zur Ergänzung seines niedrigen Lohnes die Rebberge nutzen, die sich vom Scherkessel nach St. Jakob hinunter zogen, insgesamt etwa drei Hektaren bedeckend. Den aus ihnen gewonnenen Wein schenkte er im Zollhaus an Reisende, Pilger und Fuhrleute aus.

679 überliess die Stadt den ganzen Komplex von St. Jakob (Siechenhaus, Kirche, Zollwirtshaus, Ziegelhütte und Pachthof) samt allen Einkünften dem Waisenhaus, aber mit der Auflage, den Birsübergang und die Gebäude in Stand zu halten. 1687 wurde das Zollhaus aufgestockt und erweitert, woran eine steinerne Inschrift an der Nordseite erinnert. Damals bekam das Wirtshaus seine heutige Gestalt. Mit der Zeit wurde der Grund- und Häuserbesitz von St. Jakob für das Waisenhaus eine immer stärkere Belastung, sodass es froh war, ihn im Jahre 1836 dem Gutsherrn von Brüglingen, Christoph Merian-Burckhardt verkaufen zu können (mit Ausnahme des Kirchleins). Merian musste sich, wenn auch widerwillig, im Kaufvertrag dazu verpflichten, «zu allen Zeiten zu St. Jakob eine Wirtschaft halten zu lassen». 1886 gingen Land und Gebäude gemäss dem Testament Christoph Merians an seine Stiftung über. Ungefähr zur selben Zeit fielen die Reben dem Bahnbau zum Opfer. Nach wie vor aber blieb das Historische Wirtshaus, wie es jetzt auch genannt wurde, eine beliebte Gaststätte. Christoph Merian hatte wenig für die Pflege des Wirtshauses getan. Umso mehr bemühte sich nachher die Christoph Merian Stiftung um den Gebäudeunterhalt. Umbau-, Erweiterungs-, Restaurierungs- und Sanierungsarbeiten erfolgten 1912/13, 1935/36, 1956 und Ende der 1970er-Jahre.

Der St. Jakob-Park

Mit dem Bau des neuen St. Jakob-Parks wurde nicht nur ein weiteres Fussballstadion in der Schweiz verwirklicht. Es wurde im Gegenteil etwas völlig Neues, Besonderes und Spezielles entwickelt. Der St. Jakob-Park ist für Basel und seine Umgebung ein Ort der Begegnung, weit über seine Bedeutung für den Fussball hinaus. Die Seniorenresidenz Tertianum, die verschiedenen Restaurants und Bars, das medizinische Fitnesscenter, Büro- und Praxisräume und das neue Parkhaus bedeuten eine enorme Aufwertung für Basel, sowohl für die Stadt als Lebensraum als auch für den Wirtschaftsstandort. Auch dem neuen «Joggeli» ist sein Kosename erhalten geblieben. Darüber hinaus wurde das von Herzog & de Meuron entworfene Fussballstadion mit Superlativen wie schönstes Stadion der Schweiz oder gar Europas bedacht. Einige wollen es als Oper, andere als Sportkathedrale verstanden wissen.

Beim 220 Millionen Franken teuren Bau hat sich die Eidgenossenschaft mit sechs Millionen aus ihrem nationalen Sportanlagenkonzept beteiligt. Als Investoren figurieren die Winterthur Versicherungen (40 Prozent), die Schweizerische Unfallversicherungsanstalt (40 Prozent) und die Pensionskasse des Basler Staatspersonals (20 Prozent). Sie beziehen ihre Rendite aus der Vermietung der Nutzungsflächen. Dazu gehören das Einkaufszentrum sowie die 107 Alterswohnungen.

Beim Betreten des Stadions durch den Spielereingang, direkt auf den 105 mal 68 Meter grossen, grünen Rasen, fährts einem kalt den Rücken hinunter. Auch wenn keine Zuschauer da sind, ist der Anblick der rundum steil ansteigenden Tribünen mit über 30 000 blauen und roten Sitzplätzen unglaublich. Wie Flugzeugflügel ragen die einzelnen Elemente des Stadiondaches über die Tribünen, elegant und ohne Stützen.

199 Das altehrwürdige Wirtshaus St. Jakob.

200 Innenleben der Heimstätte des FC Basel.

201 Die Verschalung des von den Basler Architekten Herzog & de Meuron erbauten Stadions St. Jakob-Park.

202   *Das Stadion bietet Platz für 33 433 Zuschauer.*

203   *Das Herz des St. Jakob-Einkaufszentrums.*

Der EuroAirport Basel-Mulhouse-Freiburg

Der Flughafen Basel-Mulhouse-Freiburg ist ein binationaler Flughafen mit trinationaler Aufgabe. Er ist ein öffentlich-rechtliches Unternehmen nach internationalem Recht mit Sitz in Frankreich. Der Staatsvertrag aus dem Jahre 1949 garantiert einen in dieser durchgängigen Form in der Welt einzigartigen binationalen Status. Der Flughafen liegt gänzlich auf französischem Gebiet und umfasst einen schweizerischen Zollsektor, der über eine Zollstrasse mit Basel verbunden ist. Der EuroAirport ist ein vitaler Entwicklungsmotor für die Regio TriRhena und ihre vier Millionen französischen, deutschen und Schweizer Einwohner, die im Umkreis von bis zu einer Autostunde vom EuroAirport entfernt leben.

Für den Ausbau zwischen 1997 und 2004 hat der Verwaltungsrat Investitionen in Höhe von über 600 Millionen Schweizer Franken bewilligt. Das Investitionsprogramm sieht die Vergrösserung des Hauptterminalgebäudes, den Bau eines Passagierterminals in Y-Form sowie den Bau von überdachten Parkplätzen vor. Charakteristisch für den Neubau sind die eleganten Proportionen, viel Licht, zahlreiche neue Check-in-Schalter, Boutiquen, Cafés und Restaurants. So wird die Kapazität für fünf bis sechs Millionen Passagiere pro Jahr geschaffen. Im Investitionsprogramm sind auch grosse Ausgaben für Bauprojekte wie die Erstellung eines Werkhofes, die Verlängerung der Ost-West-Piste um 220 Meter und die Erneuerung der Frachtanlagen enthalten. Der EuroAirport will ein europäischer Regionalflughafen bleiben, aber einer mit Weltformat.

204 *Die SWISS hebt ab.*

205 *Flughafenromantik im Spiegel der Zeit.*

Basler Museen

Basel zählt um die 40 Museen. Wir betrachten hier deren zehn: Das Historische Museum mit seinen vier Ausstellungsgebäuden – der Barfüsserkirche, dem Haus zum Kirschgarten, dem Musikmuseum und dem Kutschenmuseum – beherbergt die umfassendste kulturhistorische Sammlung am Oberrhein. Das Kunstmuseum, die grösste und bedeutendste öffentliche Kunstsammlung der Schweiz, zählt mit seinen Schwerpunkten international zu den wichtigsten Museen. Das in Europa bisher einzigartige Museum für Gegenwartskunst am St. Alban-Rheinweg 60 ist eine Zweigstelle der öffentlichen Kunstsammlung, die sich vor allem der zeitgenössischen Kunst widmet. Das Antikenmuseum enthält einzigartige Kostbarkeiten der Klassischen Antike und der ägyptischen Kunst. Das Naturhistorische Museum, das auf ein Naturalienkabinett des 18. Jahrhunderts zurückgeht, besitzt umfangreiche Bestände, die teils als Wechselausstellungen, teils als permanente Präsentationen zu sehen sind. Das Museum der Kulturen beherbergt die grössten Sammlungen der Schweiz zum Leben in europäischen und aussereuropäischen Kulturen. Das Puppenhausmuseum gegenüber dem Casino ist das grösste seiner Art in Europa. Das Museum Jean Tinguely im Solitudepark ist dem Leben und Werk des 1991 verstorbenen Schweizer Künstlers gewidmet. Im Beyeler-Museum in Riehen hat eine der herausragendsten Sammlungen zur Kunst der klassischen Moderne eine dauernde Bleibe gefunden. Und im Hinterhaus der Kornhausgasse 8 befindet sich seit 1966 das Jüdische Museum der Schweiz.

Die Barfüsserkirche

Seit 1894 beherbergt die spätgotische Bettelordenkirche der Franziskaner das Historische Museum Basel. Der Umbau der Kirche zum Museum wurde damals durch die Bewerbung Basels um den Standort eines schweizerischen Nationalmuseums ausgelöst.

Die Franziskaner, die sich 1231 vor dem Spalentor niedergelassen hatten, erhielten 1250 von Bischof Berthold den Bauplatz hinter der Stadtmauer «beim Wassertor». Dort errichteten sie in den Jahren 1253 bis 1256 eine Kirche, deren Fundamente 1975 bis 1978 aufgedeckt wurden. Nach der Reformation wurde die Kirche Schritt um Schritt profaniert.

Die Ausstellung zeigt heute Zeugnisse der Kunst, des Kunsthandwerks und der Alltagskultur mit Schwerpunkten im Mittelalter und in der Renaissance bis in die Barockzeit. Sie bietet vielfältige Einblicke in die Geschichte der Stadt und des Oberrheingebietes. Besonders sehenswert sind: der Basler Münsterschatz, Basler und Strassburger Bildteppiche, die Fragmente des Basler Totentanzes, Altäre und kirchliche Bildwerke, der Nachlass des Erasmus von Rotterdam, die Kunst- und Wunderkammern Amerbach und Faesch, das Münzkabinett, Glasgemälde, Möbel, Objekte der Goldschmiedekunst und andere Zweige des Kunsthandwerks und des Gewerbes, die Burgunderbeute und Waffen.

209 *Südliches Seitenschiff der Barfüsserkirche,* 227
die das Historische Museum beherbergt.

Das Haus zum Kirschgarten

Basels vornehmstes Bürgerpalais, von 1775 bis 1780 von Johann Ulrich Büchel an der Elisabethenstrasse 27/29 für den Seidenbandfabrikanten Johann Rudolf Burckhardt erbaut, wurde im Jahre 1951 als Wohnmuseum eingerichtet. Die Hälfte der 50 Ausstellungsräume ist den bürgerlichen Wohnräumen des 18. und 19. Jahrhunderts gewidmet. Die Ausstellung wurde seither durch bedeutende Fachsammlungen erweitert. Besonders sehenswert sind: die Einrichtungen aus Basler Bürgerhäusern, darunter Möbel, Gemälde, aber auch Basler Tafelsilber und Spielzeug; die überragende Sammlung von Meissner Porzellan und anderen Manufakturen (Pauls-Eisenbeiss-Stiftung), Strassburger Fayencen, Uhren westeuropäischer Herstellungszentren vom 15. bis 19. Jahrhundert und das Physikalische Kabinett der Universität.

Das Musikmuseum

Im Stadtzentrum über dem Barfüsserplatz wurde im Jahre 2000 das neue Musikmuseum eröffnet. Es liegt im Gebäudekomplex des mittelalterlichen Chorherrenstifts St. Leonhard, dem späteren Lohnhof und Gefängnis bis 1995. Das Museum belegt den ehemaligen Zellentrakt.

Fünf Jahrhunderte europäischer Musikgeschichte bestimmen mit drei Schwerpunkten die Ausstellung: Instrumente des 16. und 20. Jahrhunderts illustrieren die Themen «Musik in Basel», «Konzert, Choral und Tanz» und «Parade, Feier und Signale». Über ein multimediales Informationssystem kann die Welt der Instrumente klingend erfahren werden. 21 Zellen bringen die Vielfalt der über 650 Instrumente in konzentrierter Ordnung zur Geltung: darunter auch Trommeln und Pfeifen, Saxofone, Waldhörner und Trompeten.

Das Kutschenmuseum

Die Kutschen- und Schlittensammlung befindet sich in Brüglingen und zeigt vor allem Kutschen und Schlitten des 19. und 20. Jahrhunderts aus Basler Familienbesitz. Die Sammlung wurde 1981 im Botanischen Garten Brüglingen eröffnet. Gezeigt werden Jagdwagen, Dogcarts, Phaëtons, Coupés und Landauer. Daneben finden sich Postwagen und gewerbliche Fuhrwerke, Kinderkutschen und -schlitten sowie Zubehör wie Beschirrungen und Kutscherlivreen.

Das ehemalige Hofgut Vorder-Brüglingen wurde zwischen 1837 und 1839 von Melchior Berri als Landsitz für Christoph Merian erbaut. Melchior Berri (1801–1854) war wohl Basler, aber nicht ausschliesslich Basler Architekt. Er prägte entscheidend die Schweizer Architektur der ersten Hälfte des 19. Jahrhunderts. Die Scheune, in der die Ausstellungsobjekte ausgestellt sind, ist ein Ersatzbau von 1906, da 1905 der ursprüngliche Bau abgebrannt ist. Gebäude und Areal gehören der Christoph Merian Stiftung.

230

210   *Logo des Musikmuseums.*

211–212   *Instrumente aus dem Musikmuseum Im Lohnhof 9.*

213 *Das Haus zum Kirschgarten an der*
     Elisabethenstrasse 27 / 29.

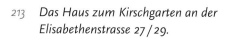

214–215 Exponate aus dem Kutschenmuseum
         im Botanischen Garten Brüglingen.

Das Kunstmuseum

Die meisten alten Bestände gehen auf das 16. Jahrhundert und den Basler Sammler Basilius Amerbach (1533–1591) zurück, dessen Vater Bonifacius Amerbach (1495–1562) mit dem Humanisten Erasmus von Rotterdam (1466–1536) und dem Maler Hans Holbein d. Ä. (1465–1524) befreundet war. 1662 von der Stadt erworben, bildete das so genannte Amerbach-Kabinett das erste Museum Europas im Besitz eines städtischen Gemeinwesens. Von 1671 bis 1849 war die Sammlung zusammen mit der Universitätsbibliothek im Haus zur Mücke beim Münsterplatz eingerichtet, dann zog sie in das klassizistische Museumsgebäude, das Melchior Berri 1843 bis 1849 an der Augustinergasse gebaut hatte und in dem heute das Naturhistorische Museum, das Museum der Kulturen und das Schweizerische Museum für Volkskunde untergebracht sind. Schliesslich fanden die Kunstwerke aus dem Amerbach-Kabinett im 1932 bis 1936 von Rudolf Christ und Paul Bonatz erstellten Kunstmuseum ihren endgültigen Standort.

Auguste Rodins Skulptur «Die Bürger von Calais» hat hier ihren Platz, aber auch moderne Plastiken sind zu finden. Malerei und Zeichnungen aus dem Oberrheinischen Gebiet von 1400 bis 1600 lassen sich im Kunstmuseum fast lückenlos verfolgen. Unter anderem besitzt das Museum elf von den zwanzig heute bekannten Werken von Konrad Witz, darunter neun Tafeln des «Heilspiegel-Altars» (um 1435), von Hans Fries sechs Tafeln eines Marien-Altares (um 1512) und die beiden Flügel eines Johannes-Altares (1514), von Hans Baldung, genannt Grien, unter anderem eine grosse Altartafel von 1510 mit der «Geburt Christi» auf der Innenseite und eine grosse Tafel von 1512 mit der «Kreuzigung Christi» sowie die beiden delikaten Pendants «Der Tod und das Mädchen» und «Der Tod und die Frau» von 1517. Auch Lucas Cranach d. Ä., Niklaus Manuel und Hans Leu d. J. sind stark vertreten.

Den kostbaren Kern der älteren Abteilung bildet die umfangreiche Sammlung mit Werken von Hans Holbein d. J., von dem das Kunstmuseum 21 Gemälde und das grösste bestehende Zeichnungsensemble besitzt. Für das 17. Jahrhundert ist die bedeutende Sammlung niederländischer Malerei zu erwähnen, in der auch Künstler wie Rembrandt nicht fehlen. Der ebenfalls weltweit grösste und wichtigste Bestand an Werken des Baslers Arnold Böcklin (1827–1901) leitet über ins 20. Jahrhundert, zum zweiten glanzvollen Akzent dieser Sammlung: Picasso, Braque, Gris, Léger, Newman, Wiemken, Tinguely, Beuys, Brancusi, Twombly sind hier zu sehen, um nur ein paar wenige Künstler zu nennen. Das Basler Kunstmuseum ist wohl die einzige Sammlung überhaupt, in der Bilder von Picasso hängen, deren Erwerb auf eine Volksabstimmung zurückgeht.

Das Kupferstichkabinett ist räumlich im gleichen Haus untergebracht, stellt aber einen eigenen Sektor dar mit Zeichnungen und Originalgrafiken vom 15. Jahrhundert bis zur Gegenwart. Schwerpunkte setzen die Werkgruppen von Hans Holbein d. Ä. und d. J. sowie Zeichnungen von Albrecht Dürer und Urs Graf, von dem das Kupferstichkabinett 125 Blätter und damit einen grossen Teil der erhaltenen Œuvres besitzt. Einen Hauptakzent der neueren Zeit bilden 50 Zeichnungen aus fünf Skizzenbüchern von Paul Cézanne.

Im Jahre 1991 schenkte Maja Oeri dem Basler Kunstmuseum mit dem Kauf der Liegenschaft der Schweizerischen Nationalbank am St. Alban-Graben 10 ein Verwaltungsgebäude, den so genannten Laurenzbau. Ursprünglich befanden sich hier mehrere Privatbesitze, zum Beispiel das Haus «Zum grossen Collmar», das 1924 abgerissen wurde. Auf dieser Parzelle entstand das vom Stil her der Renaissancebauart des Palazzo Strozzi in Florenz nachempfundene viergeschossige Gebäude der Basler Architekten Suter & Burckhardt.

Das Museum für Gegenwartskunst

Zwischen 1978 und 1980 wurde am St. Alban-Rheinweg 60 durch Wilfrid und Katharina Steib das Museum für Gegenwartskunst erbaut. Dabei wurde einer Fabrik aus dem 19. Jahrhundert ein Neubau mit polygonalem Grundriss angegliedert. Das Miteinander von Alt und Neu fügt sich harmonisch in das umliegende Altstadtquartier ein.

Die Institution ist ein Gemeinschaftswerk der Emanuel Hoffmann-Stiftung, der Christoph Merian Stiftung und des Kantons Basel-Stadt. Das Museum vereint Werke der Öffentlichen Kunstsammlung und der Emanuel Hoffmann-Stiftung und zeigt eine international ausgerichtete Sammlung zeitgenössischer Kunst von den 1960er-Jahren bis in die unmittelbare Gegenwart. Schwerpunkte bilden das Schaffen von Joseph Beuys, Bruce Naumann, Rosemarie Trockel, Jeff Wall und anderen sowie die aktuelle amerikanische Kunst mit Robert Gober, Elizabeth Peyton, Matthew Barney und anderen. Neben den klassischen Medien sammelt das Museum auch Videokunst.

Regelmässig werden im Museum für Gegenwartskunst auch Sonderausstellungen durchgeführt.

Das Antikenmuseum und die Sammlung Ludwig

Das Basler Antikenmuseum und die Sammlung Ludwig sind in einem klassizistischen Bürgerhaus und in der danebenliegenden Dompropstei untergebracht. Das Bürgerhaus wurde 1826 von Melchior Berri gebaut, die Dompropstei auf der Grundlage seiner Pläne um 1828 für die Familie Bachofen umgestaltet. Das 1966 eröffnete Museum, dessen Kern Objekte aus baselstädtischem Besitz bilden, verdankt seine Gründung den Schenkungen und Legaten privater Sammler, unter ihnen Robert Käppeli und Giovanni Züst. Seit 1980 haben die Museumsbestände durch die Schenkung des Ehepaares Peter und Irene Ludwig eine bedeutende Erweiterung erfahren.

Schwerpunkt der Sammlung bildet die griechische Kunst der archaischen und klassischen Zeit. Aus der Vasenmalerei in Athen sind nahezu alle berühmten Maler vertreten. Ausserdem sind hier hervorragende griechische und römische Marmorskulpturen, Bronzestatuetten und Gebrauchsgeräte, Tonfiguren und Goldschmuck zu sehen. Schon in archaischer Zeit besassen die Griechen eine eigenartige Keramik. Diese war zweifellos ihre ursprünglichste Kunst, und sie erzählten, ein Töpfer namens Butades sei es gewesen, der sowohl die Malerei wie die Plastik erfunden habe. Die ältesten Gefässe des so genannten geometrischen Stils aus dem 10. bis 7. Jahrhundert v. Chr. atmen bereits eine erstaunliche Musikalität. Die berühmtesten sind die Dipylonvasen.

Im Jahre 2001 wurde dem Antikenmuseum dank glücklicher Fügung eine zusätzliche Ausrichtung ermöglicht mit der Eröffnung einer Abteilung für ägyptische Kunst. Diese präsentiert einen Querschnitt des historisch gewachsenen Bestandes an ägyptischer Kunst in der Schweiz, vornehmlich aus Privatbesitz, aber auch aus verschiedenen öffentlichen Sammlungen.

216 Eingang zum Kunstmuseum
am St. Alban-Graben 16.

217–218 Zwei markante Köpfe der Skulptur
«Die Bürger von Calais» von Auguste
Rodin im Hof des Kunstmuseums.

219 Museum für Gegenwartskunst
am St. Alban-Rheinweg 60.

237

Exponate im äusserst beliebten Puppenhausmuseum von Gigi Oeri an der Steinenvorstadt 1.

Das Naturhistorische Museum

Das Naturhistorische Museum befindet sich im Berri-Bau an der Augustinergasse 2. Beim 1849 vollendeten Gebäude handelte es sich anfänglich um einen eigentlichen Mehrzweckbau im Sinne eines Universalmuseums und eines Hauses der Wissenschaft und Künste. Heute zeigt es Objekte aus der Mineralogie, der Geologie, der Osteologie, der Zoologie, der Entomologie und der Athropologie. Besonders bedeutend ist der «Homo Oeopitecus», Überreste eines Frühmenschen, der in einem toskanischen Bergwerk gefunden wurde.

Neben den Ausstellungen ist die Forschung eine der Hauptaufgaben des Museums. Forschungsschwerpunkte sind die Paläontologie, die systematische Mineralogie, bestimmte Insektengruppen sowie ausgestorbene Säugetiere. Das Museum wurde 1821 als «Naturkundliches Museum» gegründet. Zum Ausstellen seiner Bestände erhielt es bis 1849 den Falkensteinerhof am Münsterplatz.

Das Museum der Kulturen

Das Museum der Kulturen befindet sich, wie das Naturhistorische Museum, im Berri-Bau an der Augustinergasse 2. Es trägt diesen Namen seit 1996. Vorher war das Museum in zwei verschiedene Museen unterteilt, das Schweizerische Museum für Volkskunde und das Museum für Völkerkunde.

Das Museum der Kulturen beherbergt heute die grössten Sammlungen der Schweiz zum Leben in europäischen und aussereuropäischen Kulturen. Vor allem seine Südsee-, Altamerika- und Textilsammlungen besitzen Weltruf. Das Kulthaus der Abelam aus Papua Neuguinea, die kostbaren Holzreliefs zweier Mayatempel aus Guatemala oder Geistermasken aus Kamerun sind dabei besonders eindrucksvolle Objekte.

Das Puppenhausmuseum

Gegenüber dem Casino befindet sich an der Steinenvorstadt 1 das Puppenhausmuseum von Gigi Oeri. Es ist mit seinen insgesamt über 60 000 Exponaten das grösste seiner Art in Europa. Die miniaturisierten Interieurs wechseln sich ab mit grossräumigen Szenerien, bevölkert von Teddybären und Puppen aus renommierten Manufakturen, Raritäten aus den Spielzimmern einer vergangenen Epoche.

Das Museum Jean Tinguely im Solitudepark

Das Museum Jean Tinguely im Solitudepark am rechten Rheinufer, ist dem Leben und Werk des 1991 verstorbenen Schweizer Künstlers gewidmet. Es ist ein Geschenk der F. Hoffmann-La Roche AG an die Stadt und die Region Basel, aus Anlass des 100-jährigen Bestehens der Firma. Das Museum wurde vom Tessiner Architekten Mario Botta geplant und ist seit dem 3. Oktober 1996 der Öffentlichkeit zugänglich. Das Gebäude in zartroter Sandsteinverkleidung öffnet sich zum Park hin mit einer grossen Fensterfront. Durch einen kühnen Vorbau, mit einem herrlichen Blick auf den Rhein und die Stadt, betritt man auf der Höhe des Galeriegeschosses die Ausstellungsräume. Mario Botta hat einen Bau von schlichter, heller Eleganz geschaffen.

Der Maler und Bildhauer Jean Tinguely (1925–1991) gehört zu den herausragenden Künstlern nach dem Zweiten Weltkrieg. Er wurde in Fribourg geboren, wuchs in Basel auf und fand seine Berufung in Paris. Mit Alexander Calder führte er die Bewegung in die Kunst ein und schuf eigenwillige, motorbetriebene Maschinenskulpturen. Die Sammlung des Museums besteht hauptsächlich aus der grosszügigen Schenkung von Niki de Saint Phalle, der verstorbenen Frau des Künstlers, und aus eigenen Beständen der F. Hoffmann-La Roche AG.

Das bekannteste Kunstwerk, das Jean Tinguely für Basel schuf, ist der Fasnachtsbrunnen. Er befindet sich auf dem Theaterplatz und wurde zwischen 1975 und 1977 geschaffen. Der Künstler platzierte das Wasserspiel an der Stelle, wo sich die Bühne des alten Stadttheaters befunden hatte, von dem er Versatzstücke für einen Teil der zehn Skulpturen verwendete, mit Schwachstrom betriebene Wasser spritzende Metallplastiken.

243

Die Fondation Beyeler in Riehen

Am 21. Oktober 1997 wurde im Park des Berowerguts in Riehen das Museum der Fondation Beyeler offiziell eröffnet. Das Basler Ehepaar Ernst und Hildy Beyeler hat eine der international herausragendsten Sammlungen zur Kunst der Klassischen Moderne aufgebaut, die nun in diesem bedeutenden Museumsbau von Renzo Piano eine dauernde Bleibe gefunden hat. Zur Eröffnungsfeier wurden neben den rund 160 Meisterwerken von Degas bis Baselitz auch Jasper Johns und Renzo Piano monografisch vorgestellt.

Die Beyeler-Sammlung ist die eines Connaisseurs mit subjektiv gesetzten Schwerpunkten (Degas, Cézanne, Picasso, Matisse, Léger, Mondrian, Giacometti, Dubuffet, Bacon) und ebensolchen Verzichten (kein Bonnard, kein Beckmann, überhaupt kein deutscher Expressionismus, kein Kooning, nur ein kleiner Pollock). Sie verdient es, mit der Sammlung von Oskar Reinhart in Winterthur verglichen zu werden. Letztere ist weniger umfassend angelegt, besitzt jedoch einzigartige Werkgruppen: Corot, Courbet, Manet, Renoir, Cézanne und van Gogh. Erstere zeigt Degas, Cézanne, Monet, van Gogh, Picasso, Léger, Matisse, Mondrian, Klee, Miró und Giacometti sowie den Rothko-Raum mit zwölf Werken. Der Höhepunkt bei Beyeler ist die Picasso-Gruppe, die auf einem 26 Stationen umfassenden Höhenweg vom Protokubismus ins Spätwerk führt. Und noch eine Gemeinsamkeit mit Oskar Reinhart muss genannt werden: der subtile und konsequente Einbezug der Plastik mit Werken von Rodin, Picasso, Brancusi, Ernst, Lipchitz, Chillida und Calder sowie die ausgesuchten Gruppen von erstklassigen Skulpturen aus Ozeanien, die den Einfluss auf Picasso im Jahre 1907 und auf die Werke von Matisse zeigt.

Die Fondation Beyeler ist kein Sammler-Mausoleum, sondern ein lebendiges Museum of Modern Art, in dem alles stimmt. So kommen immer auch Neuerwerbungen dazu wie Warhol, Richter und Kiefer. Der Renzo-Piano-Museumsbau mit seiner Sammlung und seiner einzigartigen Lage gilt heute als eines der schönsten Museen der Welt. Über dem Gebäude schwebt ein filigraner weisser Baldachin aus Stahl und Glas, der dank raffiniertestem High-Tech eine ausgeklügelte Lichtregie erlaubt. Von der Strasse her gesehen, lässt die Umfassungsmauer aus rotem, farblich dem lokalen Sandstein nahen Porphyr nicht erahnen, dass sich dahinter ein bedeutendes Museum verbirgt. Betritt man jedoch den Park, so bietet sich das heitere Bild eines Pavillons, der sich mit seinen grossen Glasfronten und vier davorgestellten Porphyr-Pfeilern aus einem Seerosenteich erhebt und gleichsam einen Hauch von der verspielten Leichtigkeit der fünfziger Jahre atmet. Vier parallele, aussen ebenfalls mit Porphyr verkleidete Wände definieren im Abstand von sieben Metern den dreischiffigen Ausstellungsbereich, der sich nach Norden durch einen vitrinenartigen Anbau auf das Tal der Wiese und die idyllischen Rebhügel von Tüllingen öffnet.

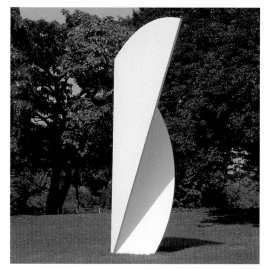

230–233 *Garten und Museum der Fondation Beyeler mit Gebäude von Renzo Piano*
an der Baslerstrasse 101 in Riehen.

Das Jüdische Museum der Schweiz

Im Hinterhaus der Kornhausgasse 8 wurde im Jahre 1966 das Jüdische Museum der Schweiz eingerichtet. Der Grundstock seines Ausstellungsgutes stammt aus dem Schweizerischen Museum für Volkskunde und wurde zu einer Zeit gesammelt, als weltweit noch geringes Interesse für jüdische Altertümer bestand.

Die Museumsbestände geben Einblick in das jüdische Leben; sie zeigen, wie gesetzestreue Juden die jüdischen Feste feiern, und rufen die Traditionen des Judentums in Erinnerung. Im Zentrum jüdischen Denkens und Handelns steht die Lehre. Das Studium der Lehre ist Pflicht jedes Juden. Die in der Lehre niedergelegten zahlreichen Vorschriften regeln das Leben des Juden von der Geburt bis zum Tod. So gibt es die Fest- und Trauerzeiten, die persönlichen Ereignisse wie Beschneidung, Bar-Mizwa (Akt der Einführung des jüdischen Jungen in die jüdische Glaubensgemeinschaft, wörtlich «Sohn der Verpflichtung») am 13. Geburtstag (Mädchen feiern ihre Bar-Mizwa mit zwölf Jahren), Eheschliessung, Scheidung und Begräbnis.

Die Geschichte der Juden in Basel und Umgebung ist auch eine Geschichte der Ausgrenzung, Benachteiligung, Ausweisung, Asylverweigerung bis hin zur Vernichtung. Heute leben in Basel um die 1700 Juden; sie gehören mehrheitlich der aschkanasischen Tradition an, die sich in Mittel- und Osteuropa herausgebildet hat.

Epilog über den Geist einer Stadt

Der Geist einer Stadt, ihre Urbanität, drückt sich ganz anders aus, wenn es sich um eine Länder beherrschende Metropole wie Paris handelt oder um einen mehr oder weniger reinen Stadtstaat wie Basel. Die Reichweite des politisch-expansiven Ehrgeizes war in Basel nie gross. Nach der Kantonstrennung im Jahre 1833 war Basel ein nahezu reiner Stadtstaat. Die bewährten Grundsätze der tonangebenden Geschlechter – des «Daigs» – werden denn auch heute noch befolgt, im Umgang mit dem Geld und mit der Kirche, bei der Gattenwahl und der sonstigen Familienpolitik. Johann Jakob Bachofen (1815–1887), ein Eingeweihter, hat das Geständnis abgelegt: «Jeder Mensch ist ein Produkt seines Bodens, ein Sohn seiner Zeit, ein Kind seiner heimatlichen Sitten.»

Die Stadt am Rheinknie, Mittlerin zwischen Nord und Süd, zwischen Ost und West, das nordwestliche Eingangstor der Schweiz, ist von römischer Zeit bis heute mehr Durchgangsort als Endziel geblieben. Viele zogen durch, hielten sich längere oder kürzere Zeit hier auf. Wenige blieben. Städte aber wachsen; wenn sie wachsen, immer infolge eines Zuzugs von aussen. Denn, so steht bei Jacob Burckhardt geschrieben: «Der Geist ist ein Wühler und arbeitet weiter.»

Ein Mosaik ausgewählter Sehenswürdigkeiten

Im Kanton Basel-Landschaft

252

234 Aussicht vom Gempen auf das hintere Leimental.

235 Landwirtschaft im Baselbiet, hier ein Maisfeld.

253

«Vo Schönebuech bis Ammel»

Der Kanton Basel-Landschaft umfasst in seinem grösseren Teil das Flussgebiet der Ergolz, ein kurzes Stück Hochrheintal, den Unterlauf der Birs und den Mittellauf des Birsig. Im Süden verläuft die Grenze im Kettenjura. Der höchste Punkt ist die Hintere Egg, 1169 m ü. d. M. Zwischen der Rheinebene und dem Blauen dehnt sich das fruchtbare Lössgebiet des Sundgauer Hügellandes aus. Zu ihm gehören das Birs- und das Leimental, die das Bruderholz trennt. «Vo Schönebuech bis Ammel» sind es 35,7 Kilometer, und auch vom «Bölche bis zum Rhy» ist es nicht sehr weit.

Das Baselbiet vor der Trennung von der Stadt

Bis ins 16. Jahrhundert erwarb die Stadt Basel einen grossen Teil des Baselbietes. Dieses war bis 1798 untertan. Danach wurde es gleichberechtigt, blieb aber wegen tiefem Bildungsstand und geringer Wirtschaftskraft benachteiligt, obschon bevölkerungsmässig im Verhältnis 5:3 in der Überzahl. Nach 1815 wurde die Landschaft auch formal zurückgesetzt. Die Stadt Basel war und ist das wirtschaftliche und kulturelle Zentrum für die Bevölkerung des Kantons Basel-Landschaft.

Die «Basler Wirren» um 1830

«Baselstadt und Baselland sind zwei Finger an einer Hand – jetzt! Es gab eine Zeit, wo sie nur ein Finger waren. Da kam ein Spreissen drein, der Finger ward bös, und endlich gab es zwei daraus.» – Dies ist in Jeremias Gotthelfs «Hans Jacob und Heiri oder die beiden Seidenweber», erschienen im Jahre 1851, zu lesen.

Nicht vom Land, sondern von der Stadt ging um 1830 der Anstoss zur Trennung aus. Die demokratischen und radikalen Landschäftler bedurften der Loslösung nicht. In den dreijährigen Wirren, die dieser Konflikt auslöste, haben allerdings auch die Führer des Landvolks Erkleckliches an unverständiger Steckköpfigkeit geleistet. In Flugschriften forderten sie bald nicht allein die wohlbegründete Gleichberechtigung. Sie bestanden auch darauf, die kantonale Verwaltung aus der Stadt nach Liestal zu verlegen, und sie muteten Basel zu, als Garantie für künftiges Wohlverhalten die Stadtmauern zu schleifen, hinter denen es sich einmal ums andere dem Zugriff seiner aufgebrachten Untertanen entzogen hatte. Das war nichts als das Verlangen nach einer bedingungslosen Kapitulation. Der städtische Rat seinerseits reagierte auf dergleichen Herausforderungen und entschied in einer Aufwallung des Unmuts, all den Gemeinden, die sich nicht mit der Mehrheit ihrer Stimmberechtigten für das Verbleiben bei der Stadt ausgesprochen hatten, die öffentliche Verwaltung zu «entziehen». Dieser Beschluss vom 22. Februar 1832 ist die eigentliche Geburtsurkunde des Kantons Baselland, der auf solche Weise halb wider Willen in die Selbstständigkeit hineingedrängt wurde.

Am 26. August 1833 beschloss die Tagsatzung die Totaltrennung des Kantons Basel, unter Vorbehalt einer freiwilligen Wiedervereinigung. Hätten die «Basler Wirren» um 1830 nicht an die 100 Menschenleben gekostet, so müsste man sie wohl als eine ausgemachte Komödie kleinstädtischer Beschränktheit bezeichnen.

Von der Krise zum Wachstum

Als die Landschaft nach dieser Phase des Aufbegehrens und des Widerstandes gegen die aristokratischen Herren in Basel 1833 politisch selbstständig geworden war, blieb sie wirtschaftlich weiterhin abhängig von den Seidenherren in der Stadt, die den Baselbieter Kleinbauern mit der Heimposamenterei die wichtigste und oft einzige Bargeldquelle boten. Mit zunehmender Industrialisierung fanden viele Einwohner der Landschaft einen Brotverdienst in Basel. Als in den zwanziger und dreissiger Jahren des 20. Jahrhunderts die städtische Industrie ihre Arbeitsplätze für die Landbevölkerung verschloss, stürzte sie den Landkanton in die schwerste Krise seiner jungen Geschichte.

Nach dem Zweiten Weltkrieg erlebte das Baselbiet eine Bevölkerungsexplosion, die den Kanton in kurzer Zeit völlig veränderte: Zwischen 1945 und 1974 stieg seine Einwohnerzahl von rund 100 000 auf 223 000; Mitte der siebziger Jahre war jeder dritte Baselbieter ein Neueinwanderer. Die Zuzüger liessen sich vor allem in den Vorortgemeinden nieder; rund 60 Prozent der Baselbieter wohnen im Bezirk Arlesheim. Neben der Bevölkerungsexplosion erlebte der Landkanton in den letzten Jahrzehnten auch ein rasches Wachstum im Bereich von Industrie und Dienstleistungsbetrieben. Das Baselbiet, bis anhin ein ländliches Gemeinwesen mit bescheidener Infrastruktur und in vielen Bereichen noch immer im Schatten und abhängig von der dominierenden Stadt Basel, wurde damit, gleichsam über Nacht zu einem hoch industrialisierten Kanton mit einer in ihren gesellschaftlichen Strukturen und Bedürfnissen städtischen Bevölkerung.

Verpasste Chance

Der Kanton Basel-Landschaft geriet damit in einen Vollzugszwang, welchem er in manchen Bereichen nur zögernd nachkam. So blieb die Jugend bis Mitte der sechziger Jahre für die höhere Schulbildung von der Stadt abhängig; erst als diese sich weigerte, die Baselbieter Schüler weiterhin für einen Minimalbeitrag an ihren Gymnasien auszubilden, wurden eigene höhere Schulen geschaffen. Der Landkanton nutzte die Chance, unbelastet von den städtischen Hypotheken einer langen, traditionsreichen Schulvergangenheit, ein eigenes, solides Schulsystem aufzubauen. In jenem Zeitpunkt bot sich den beiden Kantonen die Möglichkeit zur Erarbeitung und Realisierung eines gemeinsamen Bildungskonzeptes. Sie wurde verpasst! Jährlich müssen deshalb zahlreiche Kinder und Jugendliche bei einem Wohnsitzwechsel vom einen in den anderen Kanton schulische Belastungen und Nachteile auf sich nehmen.

Abgeltung der Zentrumsleistungen

Auch heute noch gibt es Bereiche, in denen die Baselbieter Bevölkerung von Basel abhängig beziehungsweise auf die Stadt ausgerichtet ist: so zum Beispiel für die universitäre Ausbildung, für kulturelle Angebote wie Museen, Theater, Konzerte usw., für gewisse soziale Dienstleistungen und für die Spitzenmedizin. Die Abhängigkeit allein wäre eigentlich nicht erwähnenswert, denn jede grössere Stadt übernimmt fast zwangsläufig eine Zentrumsfunktion für die sie umgebende Landschaft; erwähnenswert ist nur die Tatsache, dass der Kanton Baselland sich in gewissen Bereichen nach wie vor beharrlich weigert, die Zentrumsleistungen der Stadt kostendeckend oder annähernd kostendeckend abzugelten.

Alte Animositäten

Durch die rund 120 000 Neuzuzüger, die in den letzten Jahrzehnten im Baselbiet Wohnsitz genommen haben, ist die Bevölkerungsstruktur des Kantons stark verändert worden. Dadurch sind auch städtische Mentalität und Lebensweise in den Kanton eingedrungen, und die Gegensätze zwischen Stadt und Landschaft sind damit auch zu Gegensätzen innerhalb des Landkantons geworden. Ein auffallendes Merkmal der «neuen» Einwohner ist, dass die meisten von ihnen ein intaktes, das heisst unbelastetes Verhältnis zur Stadt Basel haben. Im Kontakt mit der «alten» Bevölkerung im oberen Baselbiet erfahren sie oft staunend, wie sehr die Geschichte der Demütigung und Arroganz auch nach 170 Jahren Selbstständigkeit noch präsent ist und in einer ablehnenden Haltung gegenüber allem, was stadtbaslerisch ist, seinen Ausdruck findet. Dabei ist diese antibaslerische Haltung nicht voll spielerischer Ironie wie etwa im Spottgeplänkel zwischen Basel und Zürich; sie ist vielmehr bitter ernst, voll Argwohn, einer Charaktereigenschaft, die sich sozusagen als Archetyp in der Seele des echten Baselbieters eingenistet hat.

Liestal und seine reizvolle Altstadt

Seit der Kantonstrennung vom 26. August 1833 ist Liestal Hauptort des Kantons Basel-Landschaft. 1189 erstmals urkundlich erwähnt, war Liestal zunächst ein Dorf im Besitz der Grafen von Froburg. Im Zusammenhang mit der Eröffnung des Gotthardpasses erhielt es um 1240 das Stadtrecht. 1305 gelangte Liestal in den Besitz des Bischofs von Basel und 1400 in jenen der Stadt Basel. Nach im Laufe der Jahrhunderte immer wieder aufgetretenen Spannungen zwischen Bauern und Basler Stadtbürgern kam es 1831 bis 1833 zu Kämpfen zwischen Stadt und Land, die schliesslich die Trennung in zwei Halbkantone zur Folge hatten.

Reizvoll ist die Altstadt des Ortes mit spätgotischen und barocken Bürgerhäusern. Sehenswert sind die Reste der Stadtmauer, der Thomasturm, das Obertor und das spätgotische Rathaus, welches mit Fassadenmalereien von Wilhelm Balmer geschmückt ist und wo die berühmte silberne Schale Karls des Kühnen – die Burgunder Schale – aufbewahrt wird.

239 *Blick durch das Obertor von Liestal in die Rathausgasse.*

240 *Das Obertor in Liestal.*

241   *Der Thomasturm in Liestal.*

242   *Das Rathaus von Liestal.*

Bad Bubendorf – das Baselbieter Rütli

Die ersten urkundlichen Nachrichten über das Bad Bubendorf reichen in die Mitte des 17. Jahrhunderts zurück. Amtlich wurde die Quelle zum ersten Male am 20. April 1641 erwähnt in einem Brief vom Statthalter des Bürgermeistertums der Stadt Basel an den Vogt Jakob Zörnlein in Waldenburg: «Es ist ein Geschrey ausgebrochen, dass unfern von Bubendorf ein heilsamer Brunnquell entsprungen dadurch viel brästhaften Leuten geholfen werden soll.» Genau 100 Jahre später wurde von Hans Jakob Rudin eine hölzerne Badhütte errichtet.

Am 18. Oktober 1830 versammelten sich im Bad Bubendorf 25 Baselbieter, um eine «Ehrerbietigste Bittschrift» an die «hochgeachteten und hochgeehrten Herren und Oberen in Basel» zu verfassen. Man forderte schlicht und einfach Gleichberechtigung zwischen Stadt- und Landbürgern. Da diese erste Bittschrift «auf eine uns nicht genügende Art behandelt wurde», forderte man am 29. November 1830 in einem Fünfpunkte-Programm die vollkommene Gleichheit der politischen Rechte, «nicht geschehenden Falles dürfte zu erwarten sein, dass das Volk von dem ihm zustehenden Recht der Souveränität Gebrauch machen müsste», was denn auch geschah.

Im Jahre 1977 erwarb Rudolf Huber-Krattiger das Bad Bubendorf und liess es zu einem zeitgemässen Restaurant und Hotelbetrieb ausbauen. Ruedi Huber, genannt «Bärtli Huber» oder der Mann mit der Stahlsehne, ist gelernter Werkzeugmacher und Inhaber von verschiedenen Firmen. Er hat nicht nur aktiv Sport betrieben, er hat auch in seiner nimmermüden Art stets an Erfindungen herumgetüftelt, die dem Sport zugute gekommen sind. Zum Jahreswechsel 1998/99 hat Ruedi Huber seinen Betrieb an die neu gegründete Hotel Bad Bubendorf AG verkauft.

Schloss Wildenstein bei Bubendorf

Das Schloss Wildenstein ist die einzige erhaltene Höhenburg im Kanton Basel-Landschaft. Sie ist in der zweiten Hälfte des 13. Jahrhunderts durch die Herren von Eptingen auf Grund und Boden des Dinghofes von Bubendorf als Rodungsburg gegründet worden. 1334 belagerten und zerstörten die Berner und die Solothurner die Burg. Nach deren Wiederherstellung wurde sie im Erdbeben von 1356 erneut beschädigt. 1384 veräusserten die Eptinger von Wildenstein die Burg an die Herren von Baden. Diese überliessen sie dem Ordenshaus Beuggen. 1388 gelangte Wildenstein an Petermann Sevogel. 1500 kaufte Basel die Burg. Um 1600 gab ihr Theodor Brand jenes Aussehen, das der Geometer Georg Friedrich Meyer um 1680 in Federskizzen festhielt. Sophie von Planta gab 1693 den alten Wohnturm als Wohnsitz auf und liess die Ökonomie- und Dienstgebäude zu einem Wohnsitz (Plantabau) umbauen. 1792 ging die Burg durch Erbschaft an die Familie Vischer. Sie nahm neugotische Um- und Anbauten vor. Der Architekt Fritz Stehlin gab dem Schloss durch weitere Ergänzungen 1902 bis 1904 das heutige Aussehen. Das Schloss diente der Familie Vischer als Landsitz während des Sommers. 1947 wurde es als ganzjähriger Wohnsitz verwendet.

Im Jahre 1994 kaufte der Kanton Basel-Landschaft das Schloss Wildenstein mitsamt zugehörigem Umschwung (1,15 Quadratkilometer) sowie den Bauten und Anlagen zum Preise von 13,5 Millionen Franken. Die Burganlage und der Landwirtschaftsbetrieb sind umgeben von wertvollen alten Eichen, Hecken und einem idyllisch gelegenen Schlossweiher. Der Wohnturm stammt aus dem 13. Jahrhundert und war bis 1693 bewohnt. Beim Plantabau, der so genannten Vorburg von 1693, stand das Wohnen im Vordergrund. Flankiert von Ecktürmen markiert er den Burghof. Im Innern des Plantabaus befinden sich bemalte Decken und Cheminées. Plantabau und Wohnturm werden ergänzt durch Verbindungsbauten, Ecktürme und das Gärtnerhaus. Sie schaffen zusammen mit der Baumallee, dem französischen Garten und der englischen Parkanlage eine romantische Stimmung. Der Kanton hat das Schloss für 6,5 Millionen Franken renoviert. Das Schloss Wildenstein wird heute der Öffentlichkeit für private und geschäftliche Anlässe zu günstigen Bedingungen zur Verfügung gestellt.

264

245 Turm des Schlosses Wildenstein.

246 Im Innenhof des Schlosses.

247 Der Schlossgarten.

Waldenburg als Sperrriegel vor dem Oberen Hauenstein

Das mittelalterliche Städtchen Waldenburg liegt mit seinen drei Längs- und Quergassen als Sperrriegel vor dem Oberen Hauenstein. 1244 wird Waldenburg erstmals urkundlich erwähnt. Der Name geht auf Walenburg zurück, was «Burg der Walen», der Welschen, bedeutet. Im frühen Mittelalter gehörte die Gegend von Waldenburg zu Onoldswil und war im Besitz des elsässischen Klosters Murbach; später stand sie unter froburgischer Herrschaft. 1366 fiel Waldenburg an den Bischof, 1400 an die Stadt Basel.

Nachdem der Passverkehr über den Oberen Hauenstein durch den Bau der Centralbahn zum Erliegen gekommen war, führte die Gemeinde 1853 die Uhrenindustrie ein. 1880 wurde die Waldenburger Bahn als Schmalspurbahn eröffnet. Die Waldenburger Bahn ist in der Schweiz ein Sonderfall. Sie ist die einzige für den Personentransport konzessionierte und mit einem Leistungsauftrag betriebene Bahn mit einer Spurweite von 750 Millimetern. Von den alten Waldenburger Stadtbefestigungen sind heute noch das obere Strassentor und Teile der Stadtmauer erhalten.

Das Kloster Schönthal bei Langenbruck

Das ehemalige Kloster Schönthal liegt in der Nähe des Passdorfes Langenbruck. Eine vom 2. März 1146 datierte Urkunde hält den Namen des Stifters fest, des Froburger Grafen Adalbero, und erwähnt, dass das Kloster der Regel des heiligen Benedikt von Nursia gehorcht.

Am 1. Mai des Jahres 1529 hob man das Kloster infolge der Basler Reformation auf. 1541 wurde das Klostergut an das Basler Spital übertragen, und Schönthal wurde zum Basler Sennhof. In den Jahren von 1645 bis 2000 durchlebte das ehemalige Kloster mehrere Metamorphosen: Es diente 1645 als Ziegelbrennerei, später als Geräteraum und Holzschopf. 1836 ging es in Privatbesitz über, und 1967 wurde es unter Denkmalschutz gestellt. Im Jahre 2000 ist der ehemals religiöse Andachtsort kulturelle Begegnungsstätte geworden. Die kirchlich-religiösen Verhältnisse und die politisch-gesellschaftlichen Gegebenheiten des hohen und späten Mittelalters aber haben im stillen und weltabgeschiedenen Bergkloster bis heute ihre Spuren hinterlassen. Die Schönthaler Westfassade ist steingewordene Erinnerung an die frühere Macht des Adels, an die Zeit der Kreuzzüge, an die Abhängigkeit und das Elend der Bauern sowie an den Zerfall der Glaubenseinheit.

250 *Das Kloster Schönthal bei Langenbruck.*

251–252 *Rückseite und Hof.*

Das Schloss Binningen

Das schöne Schloss Binningen an der Schlossgasse im Talgrund des Birsig war bis Ende des 18. Jahrhunderts ein Wasserschloss. 1299 erstmalig erwähnt, fiel es 1534 aus dem Besitz des Bischofs an die Stadt und 1550 an den Wiedertäufer David Joris. Im 18. Jahrhundert wurde es teilweise verändert. 1960 ging das Schloss an die Gemeinde Binningen. Heute empfängt hinter den Mauern aus Bruchstein ein vornehmes Restaurant seine Gäste. Im Innern umzieht eine Holzgalerie die Eingangshalle, in der eine Reihe von Steininschriften die Jahreszahlen von Umbau und Erneuerung nennt. Über eine steinerne Wendeltreppe gelangt man auf die Galerie, an deren Beginn sich links eine holzgetäfelte Stube mit bemalter Kassettendecke befindet.

Das Weiherschloss zu Bottmingen

Das aus der zweiten Hälfte des 13. Jahrhunderts stammende Schloss wird erstmals 1363 als Besitz der Kämmerer, eines bischöflichen Dienstadelsgeschlechtes, erwähnt. Es ist die einzige Wasserburg im Leimental, die bis heute erhalten geblieben ist. 1645 baute der pfälzische Adelige Johann von der Grün das Gebäude im Stile des deutschen Frühbarocks um. Unter ihm entstanden die Landschafts- und Porträt-Médaillons sowie die muschelbekrönten Giebel an der Hauptfassade. 1720 bekam das Schloss von Johannes Deucher aus Steckborn die Gestalt eines französischen barocken Landsitzes. Typisch dafür sind die Mansarden-Dächer, die grossen Fenster und das kühne Treppenhaus. Ausserhalb des Weihers entstanden Stallungen, Orangerien, Gewächshäuser und ein französischer Barock-Garten. 1780 liess der Schlossbesitzer Martin Wenk aus Basel Turm und Mauern des Südostwinkels bis aufs Hofniveau abtragen und den Steinsaal mit prachtvollen Stuckaturen verzieren. Im 19. Jahrhundert entstand der englische Park.

Die letzten Schlossherren, die das Gut als privaten Sommersitz genossen, waren die Bankiers Heinrich und Peter Oswald. 1887 richtete der neue Besitzer ein Restaurant ein und baute einen grossen Saal über den Weiher auf der Westseite. In den dreissiger Jahren wurde das Schloss stark vernachlässigt. Carl Roth aus Basel und die Burgenfreunde beider Basel starteten eine Rettungsaktion, 1943 wurden der grosse Saal abgebrochen und das Schloss in Stand gestellt. 1957 wurde es vom Kanton Baselland übernommen und unter kantonalen und eidgenössischen Denkmalschutz gestellt. Der Restaurationsbetrieb wurde aufrechterhalten, die romantischen und idealen Räumlichkeiten werden heute gerne für festliche Anlässe benutzt.

254 Seitenansicht des Weiherschlosses
in Bottmingen.

Laufen und das Laufental

Das Laufental gehörte jahrhundertelang als Teil des Fürstbistums Basel zum Heiligen Römischen Reich deutscher Nation. 1792 wurde es zusammen mit dem heutigen Kanton Jura und den drei südjurassischen Amtsbezirken des Kantons Bern kurz selbstständig als Raurachische Republik, die 1793 als Département du Mont Terrible den Anschluss an Frankreich beschloss. Durch den Wiener Kongress kam es 1815 an die Eidgenossenschaft und, zusammen mit dem französischsprachigen Jura, zu Bern. Erst 1846 wurde ein deutschsprachiger Amtsbezirk geschaffen. 1994 kam das Laufental zum Kanton Basel-Landschaft.

Das historisch gewachsene Städtchen Laufen liegt am Birsfall. 1195 ist Laufen erstmals urkundlich erwähnt und erhielt 1295 das Stadtrecht durch Bischof Peter von Aspelt. Als katholischer Teil des Deutschen Reichs wurde Laufen im Dreissigjährigen Krieg von Schweden besetzt und geplündert.

In Laufen befinden sich heute eine internationale Keramik- und Tonwarenfabrik sowie Kalksteinbrüche und die Bonbonfabrik Ricola. Die ursprünglich trapezförmige Stadtanlage aus dem 13./14. Jahrhundert ist zum Teil noch erhalten. Das klassizistische Rathaus stammt von 1822.

255 *Birsfall in Laufen.*

256 *Wasserschloss in Zwingen.*

Der Dom zu Arlesheim

Mehr als die beiden Burgen Birseck und Reichenstein, die über dem Dorf aus den waldigen Berghängen schauen, ist der Dom zum Wahrzeichen Arlesheims geworden. Wie eine Krone schmückt die Domkirche die «Riviera des Baselbiets», deren landschaftlichem und klimatischem Reiz Arlesheim in allererster Linie den Besitz dieses Juwels verdankt.

Unter den Barockkirchen der Schweiz nimmt der Dom zu Arlesheim eine Sonderstellung ein, denn er ist der erste grosse barocke Kirchenbau in der Nordwestschweiz im 17. Jahrhundert. Mit dem Bau der Domkirche beauftragte Fürstbischof Johann Konrad von Roggenbach den Architekten Jakob Engel. Im März 1679 wurde der Grundstein gelegt und schon am 26. Oktober 1681 konnte der Fürstbischof nach nicht ganz zweijähriger Bauzeit den Dom einweihen.

Eine besondere Kostbarkeit des Domes ist die Orgel, erbaut 1761 vom berühmten Orgelbauer Johann Andreas Silbermann aus Strassburg.

Ein Mosaik ausgewählter Sehenswürdigkeiten

*In den solothurnischen
Bezirken Dorneck und Thierstein*

258 Metzerlen SO.

259 Seewen SO.

260 Aussicht auf die Landskron von der Anhöhe hinter Mariastein.

261 Blick auf die Burg der Ortschaft Burg.

Das Schwarzbubenland

Als «schwarze Buben» bezeichnete man in Basel und auch anderwärts die zu «Knabenschaften» zusammengeschlossenen jungen Männer, die durch ihr meisterloses Unwesen in den Städten die ruhebedürftigen Bewohner in Wut versetzten. Ob diese Leute aus der heutigen Amtei Dorneck-Thierstein stammten, lässt sich nicht sicher beantworten. «Schwarzbuben seid, vom schwarzen Kleide, ihr genannt», dichtete ein Politiker zur Zeit des Balsthalertages vom 22. Dezember 1830, damals, als die «Gnädigen Herren» von Solothurn ihre Sessel an die demokratischen Machthaber abtreten mussten.

Von den 79 061 Hektaren des Kantons Solothurn gehören 17 695 zur Amtei Dorneck-Thierstein, also zu jener Landschaft, die diesen rätselhaften Namen «Schwarzbubenland» trägt. Die Solothurner und Basler haben sich oft und lang um das Schwarzbubenland gestritten, besonders um die Erbschaft der Thiersteiner und Gilgenberger. Eng waren die Beziehungen der Schwarzbuben mit den Baslern zur Zeit des Bauernkrieges vom Jahre 1525. Im 19. Jahrhundert führten die Basler Herren im Schwarzbubenland die Seidenbandweberei ein. Durch den dadurch eintretenden wirtschaftlichen Aufschwung wurde die Abwanderung gestoppt.

Dornach – das Zentrum der anthroposophischen Bewegung

Dornach – in der solothurnischen Enklave gelegen – ist vor allem bekannt als Zentrum der anthroposophischen Bewegung. Die Anthroposophie ist eine von Rudolf Steiner (1861–1925) begründete Lehre, nach der die im Menschen schlummernden Seelenkräfte erweckt werden sollen und diese dann zu einer höheren Erkenntnis des Lebens führen. Ausgehend von der Theosophie, entwarf Rudolf Steiner ein Kosmos und menschliche Existenz umfassendes Weltanschauungssystem, das er als Geisteswissenschaft bezeichnete. Elemente der antiken Mysterien, östliche und westliche Philosophie und Religiosität, des Okkultismus, der jüdischen Kabbala und des Christentums sind darin verarbeitet. Die Anthroposophie eröffnet nach der Auffassung Steiners durch Schulung des Geistes neue Möglichkeiten inneren Schauens und führt zum Sieg des Geistes über das Stoffliche. Karma (Schicksal) und Reinkarnation (Wiederverkörperung) sind beim Menschen entscheidend. Steiner beschreibt diesen Weg unter anderem in seinem Buch «Wie erlangt man Erkenntnisse der höheren Welten?». In vielem geht Steiners Lehre auf Goethe zurück.

Anthroposophie ist lebendige Selbsterkenntnis und Selbstverwandlung. Für den Menschen ist die Art, wie er sich durch sein Bewusstsein bestimmt, entscheidend. Nur wenn ich weiss, was ich bin und tue, bin ich es, der handelt und sich selbst bestimmt. In diesem Sinne konstituiert das Bewusstsein die Existenz. Im Erleben der Paradoxie, dass die Welt unsere eigenen Gedanken spiegelt und dass unser Selbst durch die Welt geworden ist, liegt der Ausgangspunkt der anthroposophischen Selbsterkenntnis: «Findet der Mensch die eigene Wirksamkeit in dem Schicksalswalten, so steigt ihm sein Selbst wesenhaft nicht nur aus dem eigenen Innern, sondern es steigt ihm aus der Sinneswelt auf.»

Nach Plänen Rudolf Steiners erbaute Hermann Ranzenberger 1928/29 das Goetheanum, einen imposanten Bau aus Sichtbeton mit weit gespanntem Dach und aussen umlaufender Galerie. Seine Formen sind vom Jugendstil beeinflusst. Das erste, 1914 aus Holz errichtete Goetheanum ging 1922 durch Brandstiftung in Flammen auf. Die 1914 bis 1924 entstandenen Nebenbauten lassen sich als Verwandlungen des ersten Goetheanums erkennen.

265   *Klosterkirche Mariastein.*

266   *Innenraum der Klosterkirche.*

Der Kloster-Wallfahrtsort Mariastein

Mariastein ist, nach dem weltberühmten Maria Einsiedeln, der zweitgrösste Marienwallfahrtsort der deutschen Schweiz. Umsäumt von Wäldern, Wiesen und Äckern, ist er dem letzten Hügelzug des Jura vorgelagert. Er liegt an der Grenze zum Elsass, unweit der Stadt Basel, gehört aber zum Kanton Solothurn. Kommt man durchs Leimental von Basel her und sieht das Kloster vom Tal aus wie ein Schloss auf dem Felsen stehen, so ist man erstaunt, wie offen und weit die Landschaft wird, sobald man die Anhöhe erreicht hat.

Wie viele Wallfahrtsorte hat auch Mariastein eine Ursprungslegende: die wundersame Rettung eines Hirtenkindes während des Falls über den Fels ins tiefe Tal durch die liebreiche Jungfrau Maria. Hier soll fortan ihr gesegneter Name für immer gepriesen werden, und allen, die sie in diesem Felsen andächtig besuchen und inbrünstig anrufen, will sie Hilfe und Gnade bei ihrem Sohn erbitten. Die Legende steht als Wunsch und Verheissung am Anfang der Geschichte von Mariastein. Die Pilger kamen in Strömen. Seit 1636 betreuen Benediktinermönche von Beinwil die Wallfahrt. 1648 verliess die ganze dortige Gemeinschaft ihr um 1100 gegründetes Kloster, um in Mariastein unter besseren Bedingungen als am einsamen und kargen Passwang eine neue Existenz aufzubauen.

Die Klostergemeinschaft Mariastein blickt auf eine schicksalsreiche Vergangenheit zurück. 1874 aufgehoben und vertrieben, ging sie ins Ausland ins Exil und durfte 1941 wieder zurückkehren. Doch erst 1971 konnte das Kloster staatsrechtlich wiederhergestellt werden.

Das Ziel der Wallfahrt ist die Gnadenkapelle, die in einer natürlichen, zu einer Kapelle umgestalteten Felsenhöhle liegt. Die Höhle ist ein mythischer Ort, der an die Geborgenheit im Mutterschoss erinnert und so den Ausgang ins Leben symbolisiert. Zugleich wird die Höhle aber auch als Eingangstor zu den Tiefen der Unterwelt verstanden. Sie symbolisiert die Nahtstellen von einer Welt in die andere. Gnade und Rettung, Sammlung und Heilung sind die urtümlichen Erwartungen, mit denen der Mensch in die Tiefe der Höhle hinabsteigt.

Die Klosterkirche hat den Rang einer Basilica minor. Die 28 Mönche in Mariastein leben nach der Regel des heiligen Benedikt von Nursia (480–547), die im Laufe der Jahrhunderte das christliche Abendland entscheidend geprägt hat. Zu den Arbeitsgebieten der Mariasteiner Mönche gehören heute die Wallfahrtsseelsorge, Gottesdienste, Einzelseelsorge, Besinnungstage, Kurse, pastorale Dienste und Religionsunterricht in den Dörfern der näheren Umgebung, Führung eines Gästehauses, Unterhalt der Klosteranlage und Hausdienste. Einzelne Patres sind vorübergehend auch als Seelsorger oder Lehrer auf Aussenposten tätig. Doch die eigentliche Bestimmung des Klosters besteht damals wie heute darin, eine Oase der Stille und der Besinnung zu sein. In diesem Sinne ist das klösterliche Leben bestimmt vom wohltuenden Dreiklang von Gebet, Arbeit und Lesung.

Dritter Teil

**Ausgewählte
kommentierte
Literaturhinweise**

Sieben Klassiker der Basler Historiografie in chronologischer Reihenfolge

Wurstisen, Christian: **Bassler Chronick, darin alles, was sich in Oberen Teutschen Landen, nicht nur in der Statt und Bistumbe Basel von ihrem Ursprung her biss in das gegenwirtige Jar MDLXXX gedenkwirdiges zugetragen. Henricpetri, Basel 1580. – 3. Auflage nach der Ausgabe des Daniel Bruckner 1765. Birkhäuser, Basel 1888. 603 Seiten.**

Christian Wurstisen (1544–1588) gebührt das Verdienst, die erste umfassende Darstellung der Basler Geschichte unternommen zu haben. Nur 44 Jahre hat er gelebt, aber was er in diesem kurzen Leben, meistens an einem Schreibtisch bei Kerzenlicht, wissenschaftlich geleistet hat, ist eindrücklich. Als 20-jähriger Theologe wurde er noch während seines ersten Predigtamtes 1564 zum Professor der Mathematik ernannt. 1584 erhielt er den Lehrstuhl der Theologie und zwei Jahre später das Amt des Stadtschreibers. Er war also Sekretär der Regierung und hätte nun die Geschichte seiner Zeit aus erster Hand darstellen können – da erlosch sein Leben.

Kein Denkmal, kein Porträt, kein Strassenname erinnert in Basel an den genialen Mann. Er selbst hat sich aber mit seiner «Bassler Chronick» ein bleibendes Denkmal gesetzt. Die Erstausgabe von 1580 war mit einem Holzschnitt Tobias Stimmers und einem Plan von Sebastian Münster künstlerisch geschmückt. Noch jahrhundertelang befand sich die – wie Werner Kaegi diese Geschichte nannte – «Hausbibel heimatlicher Geschichtskenntnis in jedem rechten Basler Haus». So beispielhaft erschien dieses Werk, dass 180 Jahre später Daniel Bruckner, der grosse Sammler baslerischer «Merkwürdigkeiten», das Buch Wurstisens wieder herausgab. In dieser Gestalt erlebte das Werk 1888 noch eine dritte Auflage. Für den Geist jener Zeit ist die Vorrede, die sich an die «Gestrengen, Edlen, Weisen Herren, Herren Burgermeister und Rat der Statt Basel» richtet, charakteristisch. Geschichte will Wurstisen nicht schreiben, um – wie man heute sagt – zu informieren oder zu unterhalten: «Geschichte soll zeigen, dass Gott im Regimente sitzt. Der Leser soll erkennen, wie gute und böse Taten geendet haben, damit er selbst für seine Lebensgeschichte daraus eine Lehre ziehe. Darum lese ein Weiser Geschichtsbücher und vertreibe sich nicht wie die Toren die Zeit mit liederlichen Dingen.»

Ochs, Peter: **Geschichte der Stadt und der Landschaft Basel. Decker und Schweighauser, Berlin, Leipzig und Basel 1786–1832. 8 Bände. 5100 Seiten.**

Mit einem 90 Seiten umfassenden Vorwort beginnt Peter Ochs (1752–1821) das monumentale Werk, das den Zeitraum von den «freyen Raurachern» bis zur «Baselischen Revolution» im Jahre 1798 darstellt. Peter Ochs, Politiker und Geschichtsschreiber, ab 1782 Ratsschreiber in Basel, erstellte 1797/98 im Auftrag Napoleons eine Verfassung für die Helvetische Republik, deren Senat und Direktorium er angehörte. Ochs strebte eine «pragmatische Geschichtsschreibung» an, in der nicht allein Ereignisse dargestellt werden, sondern um sie herum gruppiert, deren Ursachen und Wirkungen. Eine solche «verflechtende Zusammenschau» der geschichtlichen Elemente ging jedoch über die Kraft und Souveränität von Ochs; sie ist, für die Renaissance und die griechische Antike, Jacob Burckhardt gelungen.

Ochs Geschichte endet mit den Worten: «Von nun an (d. h. mit der helvetischen Verfassung) kann Basels Geschichte von der Geschichte des Ganzen nicht mehr getrennt werden.»

Langweilig, ermüdend werden die Fakten annalistisch aneinander gereiht, aber nicht miteinander verknüpft. Im letzten Teil allerdings wird die Darstellung selbst zur Quelle für die späteren Geschichtsschreiber. Hier erzählt Ochs nämlich von seiner diplomatischen Mission nach Paris, als die Wogen der Revolution hoch gingen. Ochs bewunderte die Französische Revolution von 1789 und die daraus hervorgegangene Französische Republik. Er wünschte eine entsprechende Umwälzung in der Schweiz und unterhielt seit 1792 geheime Beziehungen zu führenden Männern der Französischen Revolution. Ochs war auch dem französischen General Napoleon Bonaparte blind ergeben und beriet mit diesem im Jahre 1797 in Paris die zu einer Revolutionierung der Schweiz geeigneten Massnahmen. Indem Ochs dabei ein bewaffnetes Eingreifen Frankreichs erhoffte oder auch nur in Kauf nahm, beging er nach damaligem Empfinden Landesverrat.

Boos, Heinrich: *Geschichte der Stadt Basel von der Gründung bis zur Neuzeit. Detloff's Buchhandlung, Basel 1877. 423 Seiten.*

Dieses erste wissenschaftlich fundierte und heute noch lesbare Werk von Heinrich Boos (1851–1917) blieb ein Torso. Erschienen ist nur der erste Band über das «Mittelalter». Boos,

Professor der Geschichte an der Universität Basel, hatte einen scharfen Blick für die charakteristische Eigenart Basels. Er bewundert zum Beispiel die «starke Assimilationskraft der Stadt», die nur aus ihrer 1500-jährigen Geschichte erklärt werden könne. Dann folgt der schöne Satz: «Eine grosse Geschichte zu haben ist ein köstliches Gut, das man wert halten soll.»

Wackernagel, Rudolf: *Geschichte der Stadt Basel. Helbing & Lichtenhahn, Basel 1907, 1911, 1916, 1924. 4 Bände. 1904 Seiten. – 2. Auflage. Schwabe & Co. AG, Basel 1968. 2481 Seiten. Register der Personen- und Ortsnamen bearbeitet von Johann K. Lindau.*

Rudolf Wackernagels (1855–1926) monumentale Basler Geschichte gehört zu den grossartigsten Darstellungen einer europäischen Stadtgeschichte. Sie kulminiert und endet mit der Darstellung der «grossen Jahrzehnte» um 1500. Von Bedeutung sind auch die von ihm betreuten fünf Bände des elfbändigen «Urkundenbuchs der Stadt Basel». Die «Geschichte des Elsasses» (1919) brachte Wackernagel Ehrungen in Deutschland ein, während die Franzosen den Vertrieb des Buches im Elsass verboten.

Rudolf Wackernagels Kopf blickt voller Energie im Treppenhaus des Basler Staatsarchivs auf

den Besucher herab. Mit 22 Jahren promovierte er zum Dr. iur. und wurde sogleich, als jüngster von 17 Bewerbern, durch den Regierungsrat zum ersten vollamtlichen Staatsarchivar gewählt. Wackernagel vereinigte zwei Eigenschaften, die man eher selten bei ein und derselben Person findet: Er besass die Akribie eines Forschers, der sich um das letzte Tüpfelchen in den Handschriften kümmerte, und er konnte schreiben. Seine Stadtgeschichte weist stellenweise dichterischen Schwung auf. Als Beispiel für seinen unverwechselbaren Stil sei ein Abschnitt aus dem schönen Kapitel «Lebensformen und Gesinnung im Spätmittelalter» zitiert: «Gerne würden wir hier das Bild der grossen, Kapitalisten und Ratsgewaltige, Achtbürger und Zünftler umfassenden Bürgerschaft gegen Ende des 14. Jahrhunderts malen. In den Kreisen des Adels ungerne gesehen, ja gelegentlich geschmäht, von Chronisten mit scheuer Sorge als Vergewaltiger priesterlicher Macht und Freiheit betrachtet, trägt daneben dies Städtertum seine Waffen ins Burgundische so gut wie auf die Schlachtfelder des schwäbischen Städtebundes, ist es auf deutschen und welschen Märkten heimisch, beherrscht und nützt es hier an diesem erlesenen Transitpunkt den grossen zentraleuropäischen Handelszug. Wichtig aber ist vor allem, wie es, im Zusammenschliessen aller rein städtischen Elemente und unter der geschicktesten Anwendung der Kräfte, diese stürmische Zeit nicht nur durchzuhalten im Stande ist, sondern sich aus Gefahren, Sorgen und Kämpfen als bleibenden hohen Gewinn die Stadtherrschaft und das Territorium zu holen vermag.»

Zu den Motiven, die Wackernagel zu seinem grossen Unternehmen anspornten, äussert er sich nur ganz kurz im Vorwort des ersten Bandes. Es sei ihm, so meint er, «ein inneres Bedürfnis» gewesen, den Stoff, den er in mühevollen Jahren geordnet und ediert habe, auch gestaltend zu bewältigen. Also keine religiös bezogene Lehre, wie sie Wurstisen proklamierte, keine ideologische Absicht, wie sie Peter Ochs angefeuert hat. Wackernagel arbeitet souverän als ein Künstler, der «des Stoffes Herr werden will». Ein Jahr, nachdem der dritte Band «Humanismus und Reformation in Basel» erschienen war, starb der Autor. So ist das Werk, in dem die Neuzeit, zu der schon Notizen vorlagen, nicht geschildert wurde, eine «Geschichte der Stadt Basel im Mittelalter» geworden.

Heusler, Andreas: **Geschichte der Stadt Basel. Frobenius, Basel 1917. 5. Auflage 1957. 188 Seiten.**

Andreas Heusler (1834–1921), Jurist, Professor für deutsches Privatrecht und deutsche Rechtsgeschichte, war 80 Jahre alt, als er auf nur 187 Seiten seine plastische Geschichte der Stadt Basel schrieb, die nach Wurstisen und Ochs den Faden der Erzählung von den Anfängen bis zur Neuzeit durchzog. Heuslers Darstellung bricht allerdings mit den Ereignissen von 1833 ab. Mit zweieinhalb Seiten wird noch die Zeit bis 1848 bedacht, wo seine politische Geschichte Basels wie folgt endet: «In der stürmischen Bewegung, welche die Schweiz in den vierziger Jahren durchtobte und zum Bürgerkrieg drängte, suchte Basel vergeblich, seiner Bundespflicht getreu, für Frieden und Versöhnung zu wirken; die Gegensätze waren derart auf die Spitze getrieben, dass sie nur noch durch Waffen konnten entschieden werden, und der Sonderbundskrieg brachte auch den langersehnten Ersatz des mangelhaften Bundesvertrages von 1815 durch die Bundesverfassung von 1848.» In Basel hat kein anderer die städtischen Urkunden so gründlich nach ihren Aussagen über die Entwicklung der staatlichen Institutionen erforscht wie Andreas Heusler.

Gauss, Karl: **Geschichte der Landschaft Basel und des Kantons Basel-Landschaft. Von der Urzeit bis zum Bauernkrieg des Jahres 1653. Lüdin, Liestal 1832. 870 Seiten.**

Karl Gauss (1867–1938), Pfarrer in Liestal, schrieb den grössten Teil dieser Geschichte, die im Auftrag der Regierung des Kantons Basel-Landschaft von vier Historikern verfasst wurde. In diesem Werk fällt zum ersten Mal ein helles Licht auf die Zustände und die Lebensweise des Baselbieter Volkes von der Urgeschichte bis zum Bauernkrieg des Jahres 1653. Die Gewichte sind völlig anders verteilt als in der bisherigen Basler Historiografie; die Stadt liegt nicht nur topografisch am Rande. Dafür erfährt man beispielsweise Genaues über Rodungen und Ackerbau im Mittelalter oder über den Anteil der Baselbieter am Schwabenkrieg und erkennt, dass ohne den drängenden Willen des Landvolkes der Anschluss Basels an die Eidgenossenschaft im Jahre 1501 kaum stattgefunden hätte. Die Arbeit von Karl Gauss basiert durchwegs auf eigenem Quellenstudium. Dort freilich, wo er für eine dramatische Situation eine kräftige Formulierung braucht, zitiert er gern den Stadthistoriker Rudolf Wackernagel.

Burckhardt, Paul: **Geschichte der Stadt Basel von der Zeit der Reformation bis zur Gegenwart. Helbing & Lichtenhahn, Basel 1942. 2. Auflage 1957. 408 Seiten.**

Paul Burckhardt (1873–1956), Lehrer für Latein, Deutsch und Geschichte, hat versucht, die Entwicklung Basels in grossen Linien zu zeichnen. Das Schwergewicht liegt bei ihm auf dem 19. Jahrhundert. Seine Darstellung zieht sich hin bis zum Ausbruch des Zweiten Weltkrieges. In Anerkennung zweier reformationsgeschichtlicher Schriften über die Basler Wiedertäufer und über die Persönlichkeit und das Leben des Schweizer Reformators Ulrich Zwingli verlieh ihm die Universität Zürich im Jahre 1919 den Ehrendoktor der Theologie. Werner Kaegi urteilte über Paul Burckhardt nach dessen Tod: «Nicht nur das Basler Volk, dessen Behörden Paul Burckhardt mit diesem Auftrag ehrenvoll betraut haben, sondern auch die Wissenschaft ist dem Verfasser der Basler Geschichte zu dauerndem Dank verpflichtet.» Paul Burckhardt gestand in seinem Lebensbericht, den er 1945 niederschrieb, seine Basler Geschichte sei «eine Abtragung einer Dankesschuld an seine geliebte Vaterstadt».

Baedekers Basel: **Stadtführer von Karl Baede-**
ker. Karl Baedeker Verlag, Ostfildern-Kemnat
und München 2001. 6. Auflage. 126 Seiten.
Karl Baedeker (1801–1859) beschrieb Basel
erstmals 1844 in seinem Reisehandbuch «Die
Schweiz». 1978 präsentierte der Verlag einen
eigenen Band, der von Florian Baedeker, dem
Urenkel des Verlagsgründers, verfasst wurde.
Die vorliegende, neu bearbeitete sechste Auflage dieses ansprechenden Stadtführers leistet
jedem, der Basels Sehenswürdigkeiten und
Besonderheiten kennen lernen will, unentbehr-
liche und willkommene Hilfe. Nach wesentlichen «Praktischen Angaben von A–Z» vermittelt das Kapitel «Geschichte und Gegenwart»
eine unprätentiöse Übersicht über Lage und
Stadtbild, Bevölkerung, Klima, politische Gliederung und Verwaltung, Wirtschaftsleben, kulturelles Leben, Fasnacht, Stadtgeschichte und
Basler Persönlichkeiten. Sechs Stadtbesichti-
gungen führen den interessierten Leser durch
die Altstadt, zum Münsterhügel, ins Zentrum
zum Rathaus und zur Martinskirche, in die
nördliche, westliche und südliche Altstadt,
dann ins Kleinbasel, zur Peterskirche und zur
Universität, zum Spalentor, zur Barfüsserkirche, zum Kunstmuseum und in die St. Alban-
Vorstadt. Ein weiteres Kapitel führt in die äusseren Stadtteile und Umgebung, nach Riehen,
Bettingen und zur St. Chrischona, nach Kleinhüningen mit seinen Hafenanlagen und schliesslich bis zum Römermuseum in Kaiseraugst.

Baur, Hans: **Vom Wechsler zum Bankier.**
Zur Geschichte des Basler Geld- und Bank-
wesens. Herausgegeben anlässlich des sieben-
hundertjährigen Jubiläums E. E. Zunft zu
Hausgenossen. Friedrich Reinhardt Verlag,
Basel 1988. 88 Seiten.
Der Historiker und einstige Direktor beim
Schweizerischen Bankverein war mit dem Basler Zunftwesen ebenso vertraut wie mit der Ban-
kenwelt. Es ist sein Verdienst, der nicht immer
geradlinig verlaufenen Geschichte des Basler
Münzwesens, von der Ablösung der Natural-
durch die Geldwirtschaft im 14. Jahrhundert
über den Stadtwechsel bis hin zur Gründung
der ersten Banken im ausgehenden 18. Jahrhundert, eine gut verständliche und spannende
Gestalt verliehen zu haben.
In der Entwicklung der Bischofsstadt Basel zur
freien Zunftstadt bildete die Verpfändung der
weltlichen Hoheitsrechte des Bischofs als
Stadtherrn an die Stadt im Jahre 1373 die entscheidende Wende. Die Stadt erhielt mit dem
Münzregal, den Zöllen und der Fronwaage die
für die Regierung wichtigsten Ämter. Ihr in der
Folge vom Pfand befreites Münzrecht dauerte
bis zum Übergang der Währungshoheit an den
Bundesstaat im Jahre 1848. Aus einem bis um
die Mitte des 19. Jahrhunderts herrschenden
Wirrwarr im Geldwesen ist eine Ordnung hervorgegangen, die den Schweizer Franken zu
einer der gesuchtesten Währungen der Welt
gemacht hat.

Berger, Ludwig: **Archäologischer Rundgang**
durch Basel. Herausgegeben von der Schweize-
rischen Gesellschaft für Ur- und Frühgeschichte
und der Historischen und Antiquarischen
Gesellschaft zu Basel, Basel 1981. 58 Seiten.
Ludwig Berger verwirklicht mit diesem Führer
einen alten Plan: die Grabungsergebnisse in
unserer Stadt einem interessierten Publikum
in einem archäologisch-topografischen Führer
näher zu bringen. Der Rundgang führt über den
Münsterhügel nach Kleinbasel und in die Bir-
signiederung. Die heutige Stadt Basel ist aus

dem keltischen Oppidum und dem spätrömischen Kastell auf dem Münsterhügel herausgewachsen. Für diese älteste Vergangenheit, besonders aber auch für deren Nachwirkungen in jüngeren Epochen möchte dieser übersichtliche und ansprechende Führer Verständnis wecken. Erstmals werden hier die in Ausgrabungen entdeckten und konservierten oder in der Bodenpflästerung markierten Denkmäler der Frühzeit für einen Rundgang zusammengestellt und kommentiert. Neben den Hinweisen auf konservierte oder markierte Denkmäler sowie auf das Nachleben in der heutigen Bebauung wird eine Auswahl ergebnisreicher Grabungen beschrieben, von denen heute nichts mehr zu sehen ist, die aber nichtsdestoweniger für das Verständnis der historisch-topografischen Zusammenhänge von Bedeutung sind.

*Berger, Ludwig: **Führer durch Augusta Raurica. Mit einem Beitrag von Thomas Hufschmied über «Das Theater». 6. Auflage des von Rudolf Laur-Belart begründeten «Führers durch Augusta Raurica». Herausgeber: Historische und Antiquarische Gesellschaft zu Basel. 247 Seiten.***

Die Erforschung des antiken Augst geht zurück bis in die Zeit der grossen Basler Humanisten des 16. Jahrhunderts. Auf Grund von Grabungen, welche 1582 bis 1585 der Basler Kaufmann Andreas Ryff vornehmen liess, stellte der Jurist Professor Basilius Amerbach 1588 bis 1590 die erste wissenschaftliche Untersuchung an; später folgten ihr gelegentliche weitere Grabungen. Die «Historische und Antiquarische Gesellschaft zu Basel», die sich schon seit dem Jahre 1839 mit der Erforschung der Römerstadt beschäftigt, unternimmt seit dem Jahre 1878 beständig systematische, wissenschaftlich geleitete Ausgrabungen. Dabei hat sich als erster der Basler Gymnasiallehrer Dr. Theophil Burckhardt-Biedermann (gest. 1914) betätigt. Seit den 90er-Jahren des 19. Jahrhunderts lag die Leitung in den Händen des Basler Juristen, Historikers und Archäologen Dr. Karl Stehlin (gest. 1934), dem unsere heutige Kenntnis über Augst einige der bedeutendsten Ergebnisse verdankt. Heute ist die Erforschung von Augst und Kaiseraugst Aufgabe staatlicher Stellen der Kantone Basel-Landschaft und Aargau. In der neuen sechsten Auflage dieses Führers wird dargestellt, auf welchen Wegen die Forschung zu ihren Ergebnissen gekommen ist und wie manche Fragen durchaus kontrovers beurteilt werden können. Auch den bedeutendsten, heute unsichtbaren Grabungen wird nach wie vor breiter Platz eingeräumt.

*Bertschi, Hannes: **Basler Buch der Rekorde. Ein Stadtführer der Superlative. Friedrich Reinhardt Verlag, Basel 1999. 116 Seiten.***

Die weit über 200 witzigen, lehrreichen und überraschenden Rekorde quer durch die Geschichte porträtieren Basel auf spezielle Art und Weise. Die Einmaligkeiten aus den verschiedensten Lebensbereichen sind lexigrafisch aufgelistet, sie reichen von A wie «erstes Antikenmuseum...» über G wie «einzige Gemeinde...» bis Z wie «ältester Zoologischer Garten». Der Basler Journalist Hannes Bertschi hat hier Einmaligkeiten unserer Stadt gesammelt, Basler Rekorde, die auch landesweit oder weltweit einmalig sind.

So ist zum Beispiel der älteste Botanische Garten der Schweiz und einer der zehn ältesten der Welt der Basler Universitätsgarten beim Spalentor. Zu seinen Themenschwerpunkten gehören die Sukkulenten-Sammlung, tropische Orchideen, Aronstabgewächse, Kalthauspflanzen, der Steingarten und vieles mehr. Oder wer weiss schon, dass sich in Basel das älteste Gasthaus der Schweiz befindet, in dem noch immer Gäste bewirtet werden, der Gasthof zum Goldenen Sternen? Er hiess ursprünglich «Zem schwartzen Sternen» und war bereits 1412 an der Aeschenvorstadt in Betrieb. 1964/65 musste das Restaurant wegen der Verbreiterung der Strasse abgebrochen werden. Weil aber die Basler Denkmalpflege überraschend eine aus dem 17. Jahrhundert stammende Innenausstattung entdeckte, beschloss man, die Gaststätte im St. Alban-Tal wieder aufzubauen, wo sie seit 1973 steht.

Die einzelnen Tops sind mit nützlichen Hinweisen versehen, sodass das Buch auch als superlativischer Stadtführer für aussergewöhnliche Erkundungstouren benutzt werden kann.

*Blum, Dieter: **Basler Fasnacht. Menschen hinter Masken. Mit Texten von Dominik Wunderlin und Urs Ramseyer. Herausgeber: Basler Kantonalbank in Zusammenarbeit mit dem Museum der Kulturen Basel.** Verlag Basler Zeitung, Basel 1998. 106 Seiten.*

Das vorliegende Buch erschien zum 100-jährigen Bestehen der Basler Kantonalbank als «einzigartige und in ihrer Bedeutung unvergängliche Dokumentation über die Basler Fasnacht». Das Buch soll so betrachtet werden, wie der Fotograf Dieter Blum die «urgewaltige Fasnachts-Ästhetik» sah: «die Basler Fasnacht als Gesamtkunstwerk!». Auf dem fotografischen Bild gibt es keinen Ton, kein Trommeln, kein Pfeifen, alles wirkt surreal, alles ist verändert, es wirkt alles, als wäre es von einer anderen Welt.

*Bonjour, Edgar: **Die Universität Basel von den Anfängen bis zur Gegenwart 1460–1960. Verlag Helbing & Lichtenhahn, Basel. 2. durchgesehene Auflage 1971. 864 Seiten.***

Edgar Bonjour (1898–1991) war von 1935 bis 1968 Ordinarius für Schweizer Geschichte und neuere allgemeine Geschichte an der Universität Basel. – Das Ziel dieser Universitätshistorie ist es, den Werdegang der Universität Basel von ihren Anfängen bis in die Gegenwart zu schildern und über ihr einstiges Wollen und Tun Rechenschaft zu geben. Der Verfasser zog in ausgedehntem Mass handschriftliche Archivalien heran und sah für die verschiedenen Epochen offizielle Akten sowie private Nachlässe ein.

Die Basler Universität wurde von einem kleinen städtischen Gemeinwesen geschaffen. Sowohl ihre Gründung als auch ihr früher internationaler Charakter erscheinen durch die wirtschaftsgeografische Lage der Stadt mitbestimmt. 1432, ein Jahr nach Eröffnung der grossen abendländischen Kirchenversammlung in Basel, hatte das Konzil aus sich heraus eine Universität gebildet, die ganz ihr Werk war und konziliaren Bedürfnissen diente. Die Gründung dieser Hohen Schule durch das Konzil erfolgte auf bescheidener Grundlage. Vorerst wurden nachgewiesenermassen bloss theologische und juris-

tische Vorlesungen gehalten, später auch medizinische und philosophische. Man bedachte diese Studienanstalt des Konzils mit den üblichen Privilegien und organisierte sie in regulärer Art nach dem Muster von Paris und Bologna. Als «alma universitas studii curiae Romanae» wurde sie dann 1440 mit einer feierlichen Messe in der Barfüsserkirche eröffnet. Diese Konzils- und Kurienuniversität existierte volle 18 Jahre auf Basler Boden. Nach der Auflösung des «studium generale» hören wir schon bald von Wünschen der Bürger nach Gründung einer Hohen Schule durch die Stadt. Auf die Kunde von der Papstwahl Piccolominis übersandte diesem der Basler Rat schriftlich seine Gratulation und beschloss, als offiziellen Delegierten der Stadt ihren Bürgermeister Hans von Flachsland nach Rom zu schicken; er solle seiner Heiligkeit mündlich die Glückwünsche Basels entbieten und zugleich auch einige Wünsche unterbreiten: Der Papst möge der Stadt eine Jahrmesse gewähren und eine Hohe Schule stiften. Damit war ein wichtiger Schritt zur Verwirklichung des Projektes getan.

Christoph Merian Stiftung (Hrsg.): **Basler Stadtbuch 2001, Ausgabe 2002. 122. Jahr. Redaktion: Beat von Wartburg. Christoph Merian Verlag, Basel 2002. 392 Seiten.**

Als lebendige Dokumentation und farbige Chronik widerspiegeln die Basler Stadtbücher Jahr für Jahr seit 1880 die Meinungsvielfalt in dieser Stadt. Die 122. Ausgabe des Basler Stadtbuchs ist mit 392 Seiten besonders umfangreich ausgefallen. Das Jahr 2001 war denn auch ein spezielles. Beide Basel feierten die 500-jährige Zugehörigkeit zur Eidgenossenschaft; schon allein dieses Ereignis nimmt im neuen Stadtbuch rund ein Viertel des Platzes ein. Die Jubiläumsaktivitäten bilden auch den offiziellen Schlussbericht der beiden Kantone und sind im Separatdruck «500 Jahre keine Schweiz ohne uns» erschienen. Elf Beiträge berichten über den Alltag von Frauen und bilden somit einen weiteren Schwerpunkt. Berufstätige Mütter, Kinderbetreuung, das 100-Jahre-Jubiläum des Basler Frauenvereins, das Frauenhaus oder der seelsorgerische Beistand für Frauen im Sexgewerbe sind Themen, die normalerweise nicht im Rampenlicht der öffentlichen Wahrnehmung stehen. Neu ist auch ein Kapitel zur Rock- und Popszene der Nordwestschweiz, in dem Christoph Alispach eine Bestandesaufnahme der aktuellen Lage macht.

Derungs, Kurt: **Geheimnisvolles Basel. Heiligtümer und Kultstätten im Dreiland. Mit Beiträgen von Anne-Käthi Zweidler-Maegli und Walter Eichin. edition amalia, Bern 1999. 143 Seiten.**

Inmitten einer hoch industrialisierten Stadt finden wir auf Schritt und Tritt geheimnisvolle Orte und Stätten, an denen wir normalerweise unachtsam vorübergehen, mit einem landschaftsmythologischen Bezug. Zu entdecken sind seltsam orientierte Kirchen, alte Steinstätten und überlieferte Sagen, die in Beziehung zur Landschaft stehen. Basel selbst lebt von der Wasserader Rhein und den schönen Brunnen. Die ältesten Orte wiederum sind in die Region mit den heiligen Hügeln der Chrischona, der Odilie und der Margarethe eingebettet. Aber auch überregionale Beziehungen lassen sich feststellen, indem Basel einen Kreuzpunkt im so genannten Belchen-System darstellt, also in einem Dreieck von Elsass, Schwarzwald und Jura liegt. Wer auch immer die besonderen Orte in Basel und der umliegenden Region sucht und sich für Kultstätten im Dreiland interessiert, wird mit diesem Buch auf Spurensuche gehen können. Durch die Geschichte hindurch gelangen wir an diesen Orten im Dreiland Basel zu archaischen Schichten, die uns eine landschaftsmythologische Tradition erzählen.

Erni, Jürg: **Paul Sacher. Musiker und Mäzen. Aufzeichnungen und Notizen zu Leben und Werk. Schwabe & Co. AG, Basel 1999. 215 Seiten.**

Jürg Erni (geboren 1941 in Basel) legt hier die aufgezeichneten Erinnerungen Paul Sachers (1906–1999) vor. In wöchentlichen Sessionen während eines ganzen Jahres lüftete Sacher die Geheimnisse seines Lebens, erzählte von seinem «Gradus ad parnassum» als Interpret, Anreger, Förderer und Mäzen. Paul Sachers «Erinnerungen» im Originalton werden ergänzt durch Jürg Ernis eigene «Notizen», in denen er die Ereignisse und Fakten in Sachers Leben etwas fortzuschreiben versuchte. Paul Sacher hinterlässt über 200 Werke, die er in Uraufführungen aus der Taufe gehoben hat. In der Paul Sacher Stiftung werden die Bilder und Schriften der Musik des 20. Jahrhunderts gesammelt, archiviert und erforscht. Pierre Boulez sagte 1998: «Mich persönlich erstaunt jedoch noch bedeutend mehr als die physische Frische Paul Sachers seine intellektuelle Kraft, diese wahrscheinliche Unzufriedenheit mit dem Erreichten, um ein nie erreichtes, unablässig in Frage gestelltes Ziel immer weiter zu verfolgen.»

298 *Ewald, Jürg; Tauber, Jürg (Hrsg.):* **Tatort Vergangenheit. Ergebnisse aus der Archäologie heute. Wiese Verlag, Basel 1998. 552 Seiten.**
Ein Team von Archäologen, die täglich aktiv an dieser besonderen Art der «Vergangenheitsbewältigung» in der Feldforschung und auf Ausgrabungen, im Labor und am Schreibtisch beteiligt sind, legt hier die aktuellen Methoden dar, die oft genug ihre Parallelen in der Kriminalistik finden, und zeigt die Entwicklungen dieser Methodik auf. Berichtet wird über wichtige und eindrückliche Funde, Fundorte und Entdeckungen, vorab an Beispielen aus der Nordwestschweiz. Besondere Beachtung verdienen die jüngsten Ergebnisse neuester Grundlagenforschung in den Steinzeiten und in der Eisen-Archäologie.

Das reiche Bildmaterial und eine unkomplizierte, moderne Sprache erleichtern das Erkennen von Zusammenhängen und Entwicklungen in der Geschichte der Menschheit von der Altsteinzeit bis an die Schwelle der Neuzeit. Was beobachtet und gegraben werden kann, ist ein verschwindend kleiner Bruchteil dessen, was gegraben werden könnte. Jede Information aus Befunden und Funden aber ermöglicht Aussagen zur Geschichte des jeweiligen Fundortes, die oft erstaunlich vielfältig und weitreichend sind. Historisches Interesse und nicht nur

Schatzgräberei bewegte zweifellos Felix Fabri, wenn er 1488 in seiner «Descriptio Sueviae» die «ruinae maximae» beim Dorf Augst als die Überreste des antiken Augusta Raurica identifiziert.

Fondation Beyeler. Riehen bei Basel: **(Katalog). Mit einem Vorwort von Ernst Beyeler und einem Prolog von William Rubin. Mit Beiträgen von Gottfried Boehm und Markus Brüderlin sowie einem Gespräch von Hans-Joachim Müller mit Ernst Beyeler. Mit Bilderläuterungen von Reinhold Hohl und anderen Autoren. Prestel-Verlag, München, New York und Fondation Beyeler, Riehen 1997. 349 Seiten.**
Diese Publikation erschien anlässlich der Eröffnung der Fondation Beyeler in Riehen bei Basel am 21. Oktober 1997. Ernst Beyeler hat sein Vorgehen gelegentlich mit dem Satz kommentiert, es sei darum gegangen, «erprobte Werke» zusammenzutragen. Die Fondation Beyeler präsentiert sich als ein Ort des sinnlichen und geistigen Austauschs, an dem sich Zusammenhänge aufbauen. Sie kommt dem individuellen Genuss ebenso entgegen wie dem anspruchsvollen Diskurs. Ihr Rang bestimmt sich darin, dass sie die Besucher zu Betrachtern macht, zu Betrachtern, die sich besser verstehen lernen, indem sie sich auf die Kunst

ihres Zeitalters einlassen. Gemäss einem Wort Picassos «ist Kunst dazu da, den Staub des Alltags von der Seele zu waschen. Es gilt, Begeisterung zu wecken, denn Begeisterung ist das, was wir am meisten benötigen – für uns und die jüngere Generation».

Fringeli, Albin: **Landschaft als Schicksal. Eine Heimat- und Volkskunde des Schwarzbubenlandes. Staatskanzlei Solothurn. 2. erweiterte Auflage. Solothurn 1987. 398 Seiten.**
Albin Fringeli (1899–1993) gilt als der Dichter des Schwarzbubenlandes. Er verfasste, zum Teil auch in Mundart, zahlreiche Lyrikbände, Sammlungen von Erzählungen, Festspiele, Essays und heimatkundliche Werke, so diese Heimat- und Volkskunde des Schwarzbubenlandes «Landschaft als Schicksal». Lassen wir hier Albin Fringeli selber sprechen: «Wer ein halbes Jahrhundert in einem typischen Grenzland gewohnt hat, mit Revolutionären und Träumern zusammen, auf fruchtbaren Matten und an trockenen Hängen, einmal in eine Höhle sich ängstlich vortastend, ein andermal eine Felsenzinne erklimmend, bald die Alten von überirdischen Dingen berichten hörte, dann von tatenfrohen Jungen von irdischen Erfolgen, wer aus den Aufzeichnungen der Väter von Streit mit der Obrigkeit und vom Händel in eigenem Hause

vernommen, der wird gefesselt von der Mannigfaltigkeit dieses Ländchens ... Sie haben viel vergessen, meine Landsleute. Manches will uns heute unverständlich erscheinen, worüber sie sich einst erhitzt haben. Seien wir nicht ungerecht. Disputate hätten keinen Sinn, denn manche Entscheidung unserer Väter ist nicht von der Vernunft aus, nicht von der dialektischen Ratio, sondern aus ganz andern, geheimnisreicheren Quellen geschöpft worden.»

*Geelhaar, Christian: **Kunstmuseum Basel. Die Geschichte der Gemäldesammlung und eine Auswahl von 250 Meisterwerken. Verein der Freunde des Kunstmuseums Basel und Eidolon AG, Zürich und Basel 1992. 304 Seiten.***

Der Autor, 1939 in Bern geboren, war von 1977 bis 1980 Konservator der modernen Abteilung der Gemäldegalerie am Kunstmuseum Basel und von 1981 bis 1991 Direktor der Öffentlichen Kunstsammlung Basel (Kunstmuseum und Museum für Gegenwartskunst). Deren staunenswerte Geschichte ist in erster Linie die Chronik einer Reihe weit blickender Kunstsammler des 16. bis 20. Jahrhunderts und ihrer Sammelleidenschaft. Das Wachsen und Werden der Öffentlichen Kunstsammlung Basel und die Geschichte der Häuser, die sie seit dem 17. Jahrhundert beherbergten, werden in

diesem prachtvollen Werk anhand zahlreicher zeitgenössischer Zeugnisse und Äusserungen auf ebenso farbige wie spannende Weise geschildert.

*Heyer-Boscardin, M. Letizia (Redaktion): **Basel 1501–2001 Basel. 179. Neujahrsblatt der GGG, Gesellschaft für das Gute und Gemeinnützige Basel. Schwabe & Co. AG, Verlag, Basel. 211 Seiten.***

Das vorliegende Geschichtswerk soll als Geschenk der Basler E. Zünfte und E. Gesellschaften anlässlich der 500-Jahr-Feier der Mitgliedschaft des Standes Basel bei der Eidgenossenschaft an die Schüler des 9. bis 12. Schuljahres der öffentlichen Schulen verteilt werden und ihnen die Geschichte Basels, die gerade zur Zeit des Beitritts der Stadt zur Eidgenossenschaft massgeblich von den Zünften geprägt wurde, näher bringen. Basels Chance ist heute die Entwicklung zur internationalen Stadt. Voraussetzung nach innen ist die Integration der Migranten. Ihr wirtschaftlicher und gesellschaftlicher Aufstieg macht die ganze Bevölkerung reich. Voraussetzung nach aussen ist die Überwindung der Grenzen.

*Huber, Dorothee: **Architekturführer Basel. Die Baugeschichte der Stadt und ihrer Umgebung. Herausgegeben vom Architekturmuseum Basel. 2. Auflage 1996. 444 Seiten.***

Dieser Führer durch die Geschichte der Architektur einer Stadt ist ein Führer durch die Zeit. Durch die Lektüre wird die Stadt selbst begreifbar als Geschichtswerk, das durch Kontinuitäten und auch durch Bräuche geprägt ist. Da entdeckt man beispielsweise eine starke klassizistische Tradition, ausgehend von Melchior Berri über Hans Bernoulli bis zu Hans Schmidt im Formalen, oder ein breites soziales Engagement im Wohnungsbau seit dem 19. Jahrhundert. Da wird deutlich, wie wichtig die Beziehung zum oberrheinischen Raum zu Beginn des 20. Jahrhunderts ist mit der zentralen Figur Karl Mosers in Karlsruhe, oder man entdeckt die bestimmende Bedeutung, die Basel bei der Entwicklung der Moderne in den 20er-Jahren hatte, als es eine Hochburg der Avantgarde rund um die Zeitschrift ABC mit El Lissitzky, Mart Stam und anderen war. Es geht bei diesem Architekturführer nicht um eine Stilgeschichte im traditionellen Sinn, sondern um Baugeschichte als Kulturgeschichte.

*Huizinga, Johan: **Erasmus. Deutsch von Werner Kaegi. Mit Holz- und Metallschnitten von Hans Holbein d. J. Benno Schwabe & Co., Basel 1928.***

Aus Anlass des 500-jährigen Bestehens des Verlages Benno Schwabe im Jahre 1988 legte dieser die unübertroffene Erasmus-Biografie Johan Huizingas unverändert in der 1928 von Karl Schwabe besorgten Prachtausgabe nochmals vor. Während das physiognomische Erasmusbild ein für alle Mal durch die Bildnisse Hans Holbeins d. J. fixiert ist, schien das historische auf immer den Schwankungen unterworfen, die der Wellengang des Zeitgeistes auf dem Spiegel einer Epoche hervorruft. Johan Huizinga ist in seinem «Erasmus» eine Fixierung des schwankenden Bildes geglückt. «Eine Frage entsteht noch immer, so oft man auf die Person und das Leben des Erasmus zurückblickt: Warum ist er so gross geblieben?»

*Jenny, Fränzi; Gugger, Chris: **BASELexikon. Verlag Jenny & Gugger, Postfach, 4005 Basel 2001. 431 Seiten.***

Dies ist das erste Nachschlagewerk über den Kanton Basel-Stadt mit über 6000 Stichwörtern aus den Bereichen Kunst, Geografie, Wirtschaft, Geschichte und vielen mehr. Das Lexikon ist unterteilt in die Rubriken «Basel»,

«Riehen» und «Bettingen», die jeweils von A bis Z geordnet sind. Über 130 schwarz-weisse Fotografien bereichern den Text. Das Nachschlagewerk gibt Antworten auf Fragen wie: Wann entstand der Fischmarktbrunnen? Wie viele Einwohner hat Riehen? Wer schuf die «Helvetia» beim Kleinbasler Brückenkopf? Warum zeigt das Bettinger Wappen einen Kelch? Wer weiss zum Beispiel schon, dass die amtliche Namensgebung «Imbergässlein» erst 1861 erfolgte? «Die Strasse erscheint im 13. Jahrhundert erstmals zusammen mit einem Haus ‹in vico St. Andree› (in der St. Andreasgasse). Nach einer Erwähnung aus dem Jahre 1303 als ‹St. Andreasgasse› wird sie 1311 als ‹mons S. Andree› (St. Andreasberg) und als ‹vordellingassen› erwähnt. Das Haus ‹Zum Imber› an der Nr. 30, nach dem die Strasse spätestens seit 1480 benannt ist, hat seinen Namen vom Gewürz Ingwer.

*Kirchenrat der Evangelisch-reformierten Kirche Basel-Stadt (Hrsg.): **Der Reformation verpflichtet. Gestalten und Gestalter in Stadt und Landschaft Basel aus fünf Jahrhunderten. 450 Jahre Reformation. Redaktion: Rudolf Suter und René Teuteberg. Christoph Merian Verlag, Basel 1979. 227 Seiten.***

23 Autoren schildern in diesem Basler Reformationsbuch 36 Persönlichkeiten, in deren Leben neben aller menschlichen Schwachheit etwas vom Licht und Salz des Evangeliums offenkundig geworden ist. In der Auswahl der dargestellten Männer und Frauen wird neben der individuellen Charakteristik auch die geschichtliche Entwicklung der Basler Kirche sichtbar. In Basel blieb man nicht bei den Positionen der Reformation und der nachfolgenden Orthodoxie stehen. Aufklärung und Pietismus brachten im 18. und 19. Jahrhundert neue Impulse. Um die Jahrhundertwende suchten der kirchliche Freisinn und die religiös-sozialen Bewegungen nach neuen Wegen. Es blieb dem 20. Jahrhundert vorbehalten, unter dem Einfluss der dialektischen Theologie auf die Botschaft der Reformation neu zu hören, aber auch die in der Reformationszeit geschlagenen Wunden zu heilen und sich, zusammen mit der römisch-katholischen Schwesterkirche, im gemeinsamen ökumenischen Streben neu zu besinnen. Die Bezeichnung «Basler» ist in dieser Sammlung im weitesten Sinne zu verstehen. Für unsere Stadt ist es doch charakteristisch, dass vom Schwaben Johannes Oekolompad bis zum Thurgauer Rudolf Vollenweider Männer und Frauen aus allen Himmelsrichtungen in Basel sesshaft geworden sind, den Baslern ein Licht

aufgesteckt und dafür gesorgt haben, dass hier das Salz nicht dumm geworden ist.

Kreis, Georg: *Die Universität Basel,1960–1985. Herausgegeben von der Akademischen Zunft anlässlich ihres 150-jährigen Bestehens als Festgabe an die Universität. Helbing und Lichtenhahn Verlag AG, Basel 1986. 365 Seiten.*

Diese Publikation hat den Charakter eines Berichtes, sie ist keine eigentliche Geschichte der Universität Basel. Der geringe zeitliche Abstand zum dargestellten Zeitraum 1960 bis 1985 liess nur in bescheidenem Masse eine Problematisierung der geschilderten Entwicklung zu. Ihre gedankliche Führung ist vor allem darauf bedacht, möglichst alle wichtigen Vorkommnisse einzufangen und unterzubringen. Am Anfang des untersuchten Zeitabschnitts stand die Universität ganz im Zeichen der Wachstumsproblematik; aus dieser entstand in einer zweiten Phase die Reformproblematik und in einer dritten Phase meldete sich dann mit wachsender Dringlichkeit die Trägerschaftsproblematik.

Kreis, Georg; von Wartburg, Beat (Hrsg.): *Basel – Geschichte einer städtischen Gesellschaft. Christoph Merian Verlag, Basel 2000. 436 Seiten.*

Das neue Basler Geschichtswerk eines Autorenteams des Historischen Seminars der Universität Basel umfasst in chronologischer Ordnung acht Hauptbeiträge, ergänzt durch teils bei den Texten angefügte, teils am Schluss präsentierte Spezialbeiträge zu besonderen Aspekten. Die Aufsätze skizzieren Themen der jeweiligen Zeit im überregionalen Kontext und in ihrer Basler Ausprägung. Diese aktuelle Stadtgeschichte deckt alle Epochen ab. Im Zentrum der Betrachtung stehen die städtische Entwicklung in ihrer gesellschaftlichen und urbanen Dimension sowie die Beziehungen des städtischen Zentrums zu seinem Umfeld.

Kroell, Roland: *Wandern im Dreiland. Sagen, Mythen und Legenden. Friedrich Reinhardt Verlag, Basel 2000. 124 Seiten.*

Von vielfältigen Sagen inspiriert, hat Roland Kroell (geboren 1954 in Waldshut-Tiengen am Hochrhein) jene Orte besucht und beschrieben, die ihn besonders beeindruckt haben. Sagen, Legenden und Geschichten sind von vielen Plätzen überliefert und geben uns anschauliche Einblicke in die Mythen der Vergangenheit. Verborgene Dolmen und Menhire, zauberhafte Felsen, Höhlen, Schluchten, Heidenmauern, Wasserfälle und Quellen geben ein lebendiges Zeugnis der Vergangenheit. Kelten, Römer und Alemannen haben uns grossartige Kulturgüter hinterlassen.

Liebendörfer, Helen: *Spaziergänge in Basel für Touristen und Einheimische. Friedrich Reinhardt Verlag, Basel. 3., überarbeitete Auflage 2000. 84 Seiten.*

Dieser ansprechende Führer zeigt, wie man Basel zu Fuss entdecken soll. Der klassische Altstadtrundgang führt vom Münster zum Marktplatz und via Imbergässlein, Nadelberg und Heuberg zum Barfüsserplatz. Um einen ersten, guten Überblick zu bekommen, empfiehlt es sich, zum Münster zu spazieren. Hinter dem Münster, auf der Pfalz, findet man einen der schönsten Plätze, um sich in Ruhe mit der Stadt anzufreunden. Von hier aus blickt man auf den Rhein, der majestätisch durch die Stadt fliesst, auf die Brücken, auf die gegenüberliegende Rheinseite und weit über das Land, bis hin zu den dunklen Waldhügeln des Schwarzwalds. Die Biegung des Rheins nach Norden, das Rheinknie, ist das geografische Symbol der Stadt. Die Lage am Rande dreier Länder war immer schicksalsbestimmend für Basel. Abgesehen von den grossen Barockbauten der Seidenbandherren hat sich das Stadtbild nur unwesentlich verändert. Als Grenzstadt, aber auch als wichtiges Handels- und

Industriezentrum versucht Basel im europäischen Raum seinen Platz zu finden.

Liebendörfer, Helen: *Spaziergänge zu Malern, Dichtern und Musikern in Basel. Friedrich Reinhardt Verlag, Basel 2000. 123 Seiten.*

Nur an wenigen Häusern findet man in Basel Gedenktafeln, die an berühmte Bewohner erinnern. Helen Liebendörfer ruft in ihrem ansprechenden Büchlein in Erinnerung, welche Persönlichkeiten aus der Welt der Musik, der Malerei und der Dichtung in Basels Mauern gelebt oder die Stadt besucht haben, ganz im Sinne Jacob Burckhardts, der schon vor 100 Jahren meinte: «Bleiben Sie nur der Kunst in allen ihren Zungen getreu, der Musik, der Poesie und der Malerei, und glauben Sie beharrlich, dass die Veredelung des Lebens durch ihre herrlichen Dinge einem nicht umsonst verliehen ist. Es gibt ja vortreffliche Menschen, die dies alles entbehren, und es wird ihnen Ersatz vergönnt sein, aber besser ist, man habe es.»

Drei Spaziergänge führen durch die Innenstadt, durch stille Gassen und vorbei an reizvollen Fassaden, aber auch in den Trubel der Talstadt rund um den Marktplatz. Beim vierten Rundgang am Rande der Altstadt empfiehlt es sich, ein Stück mit dem Tram zurückzulegen. Die Rundgänge sind nach Themen zusammenge-

stellt – Musiker, Maler und Dichter – und sollen Persönlichkeiten würdigen und sie uns anhand von kleinen Geschichten und Zitaten näher bringen.

Leuzinger, Verena (Text); Trachsler, Beat (Fotos): *Basel – fotogen. Die 5 Altstadtrundgänge. In Zusammenarbeit mit dem Offiziellen Verkehrsbüro Basel. GS-Verlag, Basel 1990. 439 Seiten.*

Auf fünf Altstadtrundgängen geht es zu Fuss durch die Basler Altstadt zu den hauptsächlichsten architektonischen Sehenswürdigkeiten. In diesem Sinne gibt dieser Führer Impulse, die Leckerbissen Basels einmal aus der Nähe zu betrachten: 1. Der Erasmus-Rundgang führt über den Rheinsprung, durch die Augustinergasse zum Münsterplatz, zur Pfalz, durch den Kreuzgang des Münsters und durch die Freie Strasse zum Marktplatz. 2. Der Jacob Burckhardt-Rundgang beginnt in der Freien Strasse, führt am Chor der Barfüsserkirche vorbei zum Theaterplatz, zum Spalenberg und zum Marktplatz. 3. Der Thomas Plattner-Rundgang führt durch die Höhen links des Flusslaufs des Birsig, durch das Gebiet ehemaliger Handwerkersiedlungen in der Sattelgasse, Hutgasse und Schneidergasse zum Heuberg, durch die Spalenvorstadt zum Spalentor, über den

Petersplatz am Kollegiengebäude der Universität und der Peterskirche vorbei wieder talwärts zum Marktplatz. 4. Der Paracelsus-Rundgang führt in verschiedene Altstadtquartiere. Von besonderem Reiz sind das Imbergässlein, das Pfeffergässlein und das Elftausendjungfern-Gässlein, durch das die heilige Ursula mit ihrem Gefolge geschritten sein soll. 5. Auf dem Holbein-Rundgang besichtigt man bedeutende Altstadtpartien Gross- und Kleinbasels: vom Münsterplatz durch die Rittergasse, die St. Alban-Vorstadt und das St. Alban-Tal zur St. Alban-Kirche, die zur ältesten Klostergründung (1083) in Basel gehörte. Mit der Fähre «Wild Maa» überquert man den Rhein und spaziert auf der Rheinpromenade Kleinbasels.

Meier, Eugen A.: *Die Basler Fasnacht. Geschichte und Gegenwart einer lebendigen Tradition. Herausgegeben vom Fasnachts-Comité. Basel. 2. unveränderte Auflage 1986. 432 Seiten.*

Die von bewährten Experten für fasnächtliche Kunst verfasste Darstellung der Basler Fasnacht will sowohl einen aufschlussreichen Rückblick vermitteln als auch die heutige Fasnacht in ihrem ganzen Wesen beschreiben, sie im Bild vorbeiziehen und ihren Rhythmus, ihre innere Antriebskraft spürbar werden lassen, ihren Zauber einfangen und verbreiten. Die Edition dieses Fasnachtsbuches ist mit grosser Sorgfalt von Eugen A. Meier besorgt worden, mit fotografischen Impressionen von Rolf Jeck und mit Beiträgen von Lukas Cheese Burkhardt, Armin Faes, Pierre Farine, Alex Fischer, Theo Gantner, Viktor Hobi, Heinrich Kuhn, Hans Peter Löw, Peter Lotz, Carl Miville, Urs Ramseyer, Martin Sandreuter, Arnold Schneider, Rudolf Suter, Beat Trachsel, Hans Trümpy und Karl M. Wissel. Zum Wesen und Ursprung der Fasnacht ist zu sagen, dass sie ganz gewiss nicht in Basel entstanden ist. Basel hat sich aber vor der Reformation dem zeitlich begrenzten ausgelassenen Treiben so wenig verschlossen wie andere mitteleuropäische Städte.

Meier, Eugen A.: *Basel – einst und jetzt. Der Wandel des Basler Stadtbildes im Lauf der Zeit. Mit standortgleichen Neuaufnahmen von Walter Sütterlin. Buchverlag Basler Zeitung. 2., erweiterte Auflage 1994. 368 Seiten.*
Vieles, was an schöpferisch Einzigartigem und architektonisch Glanzvollem Basel zu einem über seine Grenzen hinaus bekannten, beispielhaften Schmuckstück von Sicherheit, Wohnlichkeit und Behaglichkeit hat erblühen lassen, ist der Öffnung von Industrie, Zuwanderung und Verkehr geopfert worden. Vor rund

eineinhalb Jahrhunderten setzte mit der Niederlegung des Mauerrings und seiner pittoresken Befestigungswerke der bedauerliche Substanzverlust an bedeutsamem, unwieder bringlichem Kulturgut ein, sodass die seit dem grossen Erdbeben von 1356 und dem grossen Stadtbrand von 1417 von weiteren verheerenden Katastrophen verschont gebliebene Res Publica Basiliensis ihres unverfälschten mittelalterlichen Antlitzes zusehends verlustig ging. Dutzende kulturhistorisch wertvollster Kunstwerke und Baudenkmäler hatten den Forderungen der Moderne zu weichen. In welchem Verhältnis sich ihr Einfluss auf das aktuelle Stadtbild auswirkt, lässt die Lektüre von «Basel – einst und jetzt» einschätzen und bewerten. Als Bewohner einer uralten, ihrer reichen Kultur und Tradition verpflichteten Stadt haben wir allen Anlass, das verschwundene Basel immer wieder der Vergessenheit zu entreissen.

Meier, Fritz: *Basler Heimatgeschichte. Heimatgeschichtliches Lesebuch von Basel. Im Auftrag des Erziehungsdepartementes bearbeitet von Fritz Meier. Illustration: Hans Bühler. Grafische Gestaltung und Ausführung der Pläne: Bruno Baur. Lehrmittelverlag des Kantons Basel-Stadt. Unveränderter Nachdruck 1982 der 5. Auflage 1974. 656 Seiten.*

Das weit über das übliche Format eines Schulbuches hinaus gediehene Werk von Fritz Meier ist in Bezug auf den Reichtum des Stoffes und dessen klare Gliederung sowie die differenzierte und ins Detail gehende Darstellung in der Schweiz einzigartig. Es ist nicht zuletzt auch ein besinnliches Buch: «Leise rauscht der Strom dahin, leise rauscht der Morgenwind von den Bergen rings umher, flieht die Dämmerung gelind» – wer denkt da nicht an das lebensfrohe Lied, mit dem die junge Fischerin im «Festspiel zur Kleinbasler Vereinigungsfeier von 1892» bei erwachendem Tag den Rhein besingt. Die Worte des Liedes sind eine Dichtung von Rudolf Wackernagel, die Vertonung ein Werk Hans Hubers. Eine beigelegte Langspielplatte «Basler Festspielmusik» umfasst auch das Lied der Fischerin; ihre Partie singt die berühmte Schweizer Sopranistin Maria Stader, die begleitende Orchestermusik spielt die Basler Orchestergesellschaft (Langspielplatte N 00738 R).

-minu; Gartmann Peter: *Basel. Buchverlag Basler Zeitung, Basel 1998. 104 Seiten.*
Ein wunderschönes Basler Buch mit Texten von -minu und Fotos von Peter Gartmann: «Die Liebe zu Basel ist ganz einfach da. Still – und mit beruhigender Konstante –, so wie der Rhein still und beruhigend konstant durch unser

Leben – unsere Stadt zieht.» Es stimmt: «Der Rhein ist in Basel der Blick auf den Tüllinger Hügel.» Es ist ein Buch fürs Auge und fürs Herz, ein farbenreiches Stimmungsbild über Basel.

Pius II.: *Zwei Beschreibungen Basels. In: Basel in einigen alten Stadtbildern und in den beiden berühmten Beschreibungen des Aeneas Sylvius Piccolomini. Erstmals im Juli 1951 herausgegeben zur Erinnerung an die Beschwörung des Bundes zwischen Basel und den Eidgenossen. Mit einer Einführung von Edgar Bonjour. Holbein-Verlag, Basel 1954. 2. Auflage. 47 Seiten.*

Die beiden hier abgedruckten und übersetzten Beschreibungen Basels stammen aus der Feder des Humanisten Enea Silvio Piccolomini (1405–1464), der nach vielseitiger literarischer und diplomatischer Tätigkeit 1446 in den geistlichen Stand übertrat und 1458 als Pius II. den päpstlichen Stuhl bestieg. Als Sekretär eines italienischen Bischofs kam er im Frühling 1432 zum ersten Mal nach Basel an das Konzil, das hier am 23. Juni 1431 eröffnet worden war. Im Winter 1433/34 verfasste er in Mailand die erste der beiden Schilderungen der Konzilsstadt. Die zweite kam im Herbst 1438 in Basel zum Abschluss. Die einzigen bekannten Handschriften besitzt die Basler Universitätsbibliothek.

Enea schreibt ein meist unüberbietbar knappes, oft aber auch gesuchtes, hie und da wegen seiner Kürze unklares Latein; neben sachlichen Fehlern stören auch einige logische Unebenheiten. Die deutsche Übersetzung von Alfred Hartmann hält sich an den vielfach korrupt überlieferten lateinischen Text, bemüht sich aber um ein lesbares Deutsch.

Die Basler ehrten Pius II. und liessen ein Agnus-Dei-Ostensorium, eine Monstranz mit dem Lamm Gottes, für den Münsterschatz anfertigen, das der Papst selbst weihte. Durch ein Privileg von Pius II. konnte 1460 die Universität Basel gegründet werden.

Platter, Thomas: *Lebenserinnerungen.* Mit den Beiträgen von Peter F. Tschudin: *Thomas Platter – der Drucker;* Brigitt Kuhn: *Thomas Platters Häuser.* GS-Verlag, Basel 1999. 125 Seiten.

Thomas Platters Lebensbeschreibung, die er auf Drängen seines Sohnes Felix, des Medizinprofessors und Basler Stadtarztes, am Sterbebett seiner ersten Frau im Alter von etwa 70 Jahren zu Papier gebracht hat, ist für uns Heutige lesenswert als Dokument einer Zeit, in der es möglich war, vom Hüterknaben in den Walliser Alpen zum Gelehrten und Druckerherrn in der berühmten Humanistenstadt Basel aufzustei-

gen. Spannend ist die Schilderung der Jahre als Verdingbub und jener endlos erscheinenden Zeit des «Wandelns» als fahrender Schüler, der doch lernen wollte und nach dem Willen der älteren Begleiter davon abgehalten wurde, weil er für sie den Lebensunterhalt erbetteln musste. Erst mit dem Eintritt in Myconius' Schule am Zürcher Fraumünster konnte er seine Studien in Latein, Griechisch und – bei Bibliander – in Hebräisch vorantreiben. Einfluss auf Platters religiöse Ausbildung und Gesinnung nahmen die Predigten des Reformators Zwingli. Nachdem er in Basel, wo er 1535 zünftig wurde, als Druckerherr in einer Gemeinschaft zu viert tätig gewesen war, trat er 1544 die Stelle als Schulmeister (Rektor) der Münsterschule «auf Burg» an, die er reorganisierte und erfolgreich bis 1578, das heisst vier Jahre vor seinem Tod (1582) führte.

Der Originaltext ist in einem heute nicht mehr leicht verständlichen Frühneuhochdeutsch geschrieben. Er wurde für diese Ausgabe dem heutigen Deutsch angenähert.

*Regierungsrat des Kantons Basel-Landschaft (Auftraggeber): **Nah dran, weit weg. Geschichte des Kantons Basel-Landschaft. Autoren und Verlag des Kantons Basel-Landschaft. Liestal 2001. Sechs Bände. 1478 Seiten.***

Band eins: Zeit und Räume. Von der Urgeschichte zum Mittelalter. Redaktion: Reto Marti. 255 Seiten.
Band zwei: Bauern und Herren. Das Mittelalter. Redaktion: Anna C. Fridrich. 251 Seiten.
Band drei: Arbeit und Glaube. 16. bis 18. Jahrhundert. Redaktion: Albert Schnyder. 235 S.
Band vier: Dorf und Herrschaft. 16. bis 18. Jahrhundert. Redaktion: Elisabeth Balscheit. 223 Seiten.
Band fünf: Armut und Reichtum. 19. und 20. Jahrhundert. Redaktion: Anna C. Fridrich, Daniel Hagmann. 259 Seiten.
Band sechs: Wohlstand und Krisen. 19. und 20. Jahrhundert. Redaktion: Ruedi Epple. 255 Seiten.

Die neue Baselbieter Kantonsgeschichte «Nah dran, weit weg» wurde von 15 Historikerinnen und Historikern geschrieben. Erforscht werden in einem regionalgeschichtlichen Ansatz die gesellschaftlichen, wirtschaftlichen, kulturellen und herrschaftlichen Räume, welche sich die Menschen von den Anfängen bis in die jüngste Gegenwart hier geschaffen haben.

Der erste Band steckt zeitliche Dimensionen ab, die man kaum erfassen kann. Er behandelt eine Zeitspanne von Tausenden von Jahren. Auch bewegt er sich in räumlichen Zusammenhängen, die noch nichts mit dem späteren Kanton Basel-Landschaft zu tun haben: Die Naturräume sind in einer Kaltphase der Altsteinzeit völlig anders bestimmt als bei der Eroberung Galliens durch Julius Cäsar. Die Kulturräume sind für den beginnenden Fernhandel der Bronzezeit anders umgrenzt als in der mediterran orientierten Römerzeit oder bei der Eingliederung ins Reich um das Jahr 1000. Und die jenseitig-religiösen Geistesräume führen von urtümlichem Schamanismus über keltisch-römischen Vielgötterkult hin zu christlicher Denkweise.

Der zweite Band ist dem Mittelalter seit dem Jahr 1000 gewidmet. Im Zeitraum von rund 500 Jahren veränderte sich die Lebens- und Wirtschaftsweise der ländlichen Gesellschaft nachhaltig. Seit dem 12. Jahrhundert entstanden aus Weilern allmählich Dörfer. Die Gemeinde entwickelte sich dabei zur Trägerin politischer, wirtschaftlicher und religiöser Funktionen. Die Herrschaft von Adel und Klöstern wurde in der alten Basler Landschaft von derjenigen der Stadt Basel, im Birseck und Laufental von derjenigen des Bischofs von Basel abgelöst. Bei der

Entstehung von Territorien spielte auch die Landbevölkerung eine Rolle. Sie nahm die Herrschaft nicht einfach hin, sondern gestaltete ihr Verhältnis zum Herrn aktiv mit.

Im Band drei steht die Wirtschaft und ihre Entwicklung während der drei Jahrhunderte der frühen Neuzeit sowie die Reformation im Zentrum. Er befasst sich mit einer vorindustriellen ländlichen Gesellschaft, die in der Zeit zwischen 1500 und 1800 mit wesentlichen Neuerungen konfrontiert war: Am Anfang der Epoche stand ein religiös-konfessioneller Neubeginn. Allmählich bildete sich ein moderner Staat heraus. Die Seidenbandweberei und die Modernisierung der Landwirtschaft setzten einen grundlegenden Wandel in Gang. Vergleichsweise stabil blieben hingegen die territorialen Verhältnisse.

Band vier beschreibt die gesellschaftlichen Strukturen und Mentalitäten des Baselbiets in der frühen Neuzeit und nimmt den Faden der politischen Ereignisse von Band drei auf. Beim Gang durch das 17. und 18. Jahrhundert wird sichtbar, wie sich die Herrschaftsverhältnisse veränderten. Der obrigkeitliche Zugriff auf die bäuerlichen Untertanen verstärkte sich spürbar. Im Mittelpunkt der Darstellung steht das Leben im Dorf der frühen Neuzeit. In den Konflikten mit der Obrigkeit rückt die dörfliche Gesellschaft zusammen. Im Innern prägen hingegen Besitz- und Rangunterschiede den Alltag. Am Rand leben Arme, Fahrende und Andersgläubige.

Der fünfte Band beschäftigt sich mit jener Epoche, in welcher der Kanton Basel-Landschaft entstand. Im Zentrum steht der Gegensatz zwischen Armut und Reichtum. Die alte ständische Welt war untergegangen. Der neue Kanton stand vor grossen Aufgaben. Vom Wachstum der Industrie profitierten viele, reich wurden nur wenige. Auswanderung blieb für manchen Baselbieter die einzige Lösung. Herkömmliche soziale Netze wurden zunehmend verdrängt und nur widerstrebend machte sich der Kanton soziale Sicherheit zu seiner Aufgabe. In Bildung und Gesundheit hingegen wollten die Behörden investieren. Neben allem Beharren dominierte eine allgemeine Umbruchstimmung.

Band sechs behandelt das 20. Jahrhundert. Er stellt dar, wie sich der Gegensatz zwischen Armut und Reichtum nach und nach abschwächte. Dazu beigetragen hat zum einen der Ausbau des Sozialstaates. Zum anderen hat die wirtschaftliche Entwicklung dazu geführt, dass breite Bevölkerungskreise am wachsenden Wohlstand teilhaben konnten. Weder der Ausbau des Sozialstaates noch die wirtschaftliche Entwicklung waren jedoch gleichmässige Prozesse. Hochkonjunkturen wechselten ab mit wirtschaftlichen Einbrüchen. Mit dem Wohlstand wuchs die Gefahr von Umweltkrisen. Und bei knappen Ressourcen kehren vergangene politische Auseinandersetzungen um den Sozialstaat wieder.

Ritter, Ernst: *Kleinbasel. Geschichte und Bild der minderen Stadt. Buchverlag Basler Zeitung (ohne Jahresangabe). 87 Seiten.*

Mit diesem schmalen Band liegt erstmals eine Geschichte Kleinbasels vor. Gründe lassen sich finden. Der wichtigste ist wohl der, dass alles Entscheidende, das sich je im Kleinbasel ereignet hat, vom Grossbasel ausgegangen ist. Das Wort «minderes Basel» bedeutete ursprünglich nur «kleines Basel» und meinte die kleine Stadt im Vergleich zu der grossen. Die alten Basler sollen es nicht im abschätzigen Sinn gebraucht haben. Für die Römer war das Kleinbasler Ufer nur ein Vorgelände. Nach der Schlacht bei Sempach 1386 wurde Kleinbasel frei und mit Grossbasel vereinigt.

Rüegg, August: *Die beiden Blütezeiten des Basler Humanismus. Eine Gedenkschrift zur Fünfjahrhundertfeier der Basler Universität. Benno Schwabe & Co. Verlag, Basel und Stuttgart 1960. 147 Seiten.*

Der Verfasser gibt in dieser konzisen und ansprechenden Schrift einen Überblick über den Humanismus im Renaissancezeitalter, über die Gründung der Basler Universität und über die Universität und ihre Gelehrten in der ersten Hälfte des 19. Jahrhunderts. Im Mittelpunkt stehen die Humanisten Basels, allen voran Desiderius Erasmus von Rotterdam, sowie Johann Jakob Bachofen, Jacob Burckhardt, Friedrich Nietzsche, Arnold Böcklin und Karl Spitteler. In seinem «Ausblick in die Zukunft» gibt August Rüegg zu bedenken, dass es gilt, «gewisse Grundwahrheiten des ethischen Verhaltens der Menschen, welche schon die Juden, die Griechen und Römer kannten, unerschütterlich festzuhalten; es sind die Grundgesetze der Sittlichkeit, deren Offenbarung oder Entdeckung und Erprobung Tausenden von Generationen Leiden und Opfer gekostet haben, deren Nichtbeachtung oder Vernachlässigung heute die gesamte Menschheit ins Chaos der Urzeit zurückschleudern würde.

s Baselbiet: **Verschiedene Autorinnen und Autoren. Verlag des Kantons Basel-Landschaft. 4. neubearbeitete und erweiterte Auflage, Liestal, Mai 1996. 289 Seiten.**

Passt ein Buch wie «s Baselbiet», das sich mit einem Schweizer Kanton von nur einigen 100 Quadratkilometern Grösse auseinander setzt, in eine Welt, die zum «globalen Dorf» geworden ist? Der Regierungsrat meint dazu, dass gerade die grenzenlose Weite, die sich heute durch die modernen Kommunikationskanäle auftut und vielen Menschen die Orientierung raubt, solch ein Buch wertvoll macht. Denn es leuchtet einen überschaubaren Lebensraum aus und lässt dessen Vielgestaltigkeit anschaulich und begreifbar werden. «s Baselbiet»-Buch ist eine Fundgrube, ein eigentliches Standardwerk über den Kanton Basel-Landschaft, es ist Lesebuch, Bilderbuch und Nachschlagewerk in einem. Mit seinem Konzept richtet sich das Buch aber vor allem an den Geniesser, der sich nach Lust und Laune diesem oder jenem der 17 Kapitel zuwendet: Die Sonnenseite des Baselbiets; Wohnen und Leben; Planen und Bauen; Schützen und Hegen; Fahren und Transportieren; Wandern und Reisen; Arbeiten und Produzieren; Lernen und Bilden; Helfen und Fördern; Verwalten und Bestimmen; Essen und Trinken; Lesen und Schreiben; Hören und Sehen; Begegnen und Spielen; Festen und Feiern; Glauben und Denken; Erinnern und Hoffen. Selbst ein eingefleischter Baselbiet-Kenner begegnet hier auf Schritt und Tritt Neuem und Unbekanntem.

Schweizer-Völker, Edith: **Volksfeste im Dreiland. Buchverlag Basler Zeitung 1998. 95 Seiten.**

«Grenzen zu überschreiten und durch menschliche Begegnungen zu öffnen ist ihr zum Beruf und Lebensinhalt zugleich geworden», heisst es in der Festschrift zum «Bumperniggel-Preis» 1995 des Schweizerischen Bankvereins an die Volkskundlerin Edith Schweizer-Völker. Sie hat während Jahrzehnten das Dreiland nach alten und neu entstandenen Traditionen durchforscht und ihre Entdeckungen festgehalten. Eine Auswahl ihrer Kostbarkeiten ist in diesem traditionsreichen, exklusiven Neujahrsbüchlein des Verlags der Basler Zeitung enthalten: Vom «Dyriff-diff-diff der Vogel Gryff het s Hemmli styff» bis zum «Bredala-, Niklaus- und Christkindmarkt» hat sich in unserer Region zwischen Strassburg, Bodensee und Jura eine Kultur der Volksfeste und volkstümlicher Veranstaltungen entwickelt.

Slanička, Simona (Hrsg.): **Begegnungen mit dem Mittelalter in Basel. Eine Vortragsreihe zur mediävistischen Forschung. Schwabe & Co. AG, Verlag, Basel 2000. 252 Seiten.**

Forschende zahlreicher geisteswissenschaftlicher Disziplinen befassen sich mit dem Mittelalter zwischen Völkerwanderung und Reformation. Dieser Band illustriert, frei von akademischen Berührungsängsten, Breite und Originalität der mediävistischen Forschung in und über Basel. Die elf Beiträge verhelfen dem Leser zu überraschenden Begegnungen mit prügelnden Rittern, Schach spielenden Mönchen oder der Frage, wie und wo die Grenzen des spätmittelalterlichen Basel verliefen.

Spicher, Eduard; Schmid, Markus: **Geschichte des Basler Münsters. Zum 500. Jahr nach der Vollendung. Basel 1999. 93 Seiten.**

Dieses farbenfroh illustrierte Heft vermittelt in zwölf Kapiteln eine anschauliche Darstellung der wechselvollen Geschichte des Basler Münsters. Aus den Anfängen des Basler Bistums erfahren wir nur zufällige, aber sehr frühe Nachrichten. Vermutlich erhoben sich die ersten Kathedralen am Nordende des Münsterplatzes – da, wo später die Johanneskapelle stand. Dem Basler Münster ist zum Glück eine stimmungsvolle Umgebung zugewachsen. Bemerkenswert ist die Stille, die der grosse Münsterplatz, im Zentrum des hektischen Stadtlebens, zu bewahren vermochte.

Surbeck, Rolf (Redaktionsleitung): **Festschrift zum Jubiläum 400 Jahre Humanistisches Gymnasium Basel 1589–1989. Druckerei Bauer-Brandenberger, Basel. 2. Auflage 1991. 160 Seiten.**

Mit Bildern und Texten werden das heutige Gymnasium und die Jubiläumsveranstaltungen dargestellt. Die Chronik soll mithelfen, die Erinnerung an das Jubiläumsjahr wach zu halten. In einer Beilage werden unter dem Titel «HG 2000» die Probleme eines Humanistischen Gymnasiums ungeschminkt dargestellt, daneben aber auch Zukunftsperspektiven für eine Schule im Umbruch aufgezeigt, wie sie sich in der veränderten Zeit und Gesellschaft sowie unter dem Aspekt der beschlossenen Schulreform ergibt.

Suter, Rudolf: **Baseldeutsch-Grammatik. Christoph Merian Verlag, Basel. 3. überarbeitete Auflage 1992. 232 Seiten.**
Der Basler Dialektologe Rudolf Suter beschreibt auf wissenschaftlicher Grundlage systematisch und umfassend, aber allgemein verständlich Wesen, Struktur, Funktion und Entwicklungstendenzen der baselstädtischen Mundart, dabei stets auch die Unterschiede zur hochdeutschen Standardsprache einbeziehend. Die Mundart schriftlich wiederzugeben verursacht uns vor allem deswegen Mühe, weil ihre Rechtschreibung nicht normiert ist.

Wie dieses Sprachgebilde Baseldeutsch aussieht, welche Eigenheiten es in Lauten, Formen, Satzbau und Wortschatz aufweist, das steht jetzt hier jedem greifbar. Wo sich heute vielleicht das Sprachgefühl als abgestumpft erweist, leitet Rudolf Suter mit von ungezählten Beispielen erhellten Regeln zum richtigen Gebrauch der eigenen Mundart an. Trotz starker Bevölkerungsbewegung und -durchmischung während der letzten 100 Jahre haben sich die wesentlichen Charakteristika bis heute einigermassen behaupten können: «Ùnd esoo isch d Zyt vergange, ùnd si sinn èlter wöörde und z lètscht sinn si gstòòrbe.»

Suter, Rudolf: **Baseldeutsch-Wörterbuch. Christoph Merian Verlag, Basel. 2. überarbeitete und erweiterte Auflage 1995. 384 Seiten.**
Rudolf Suters Wörterbuch bildet die Ergänzung zu seiner Baseldeutsch-Grammatik. Es umfasst im ersten Teil gegen 13 000 Mundartstichwörter sowohl aus der älteren Literatur als auch aus dem Vokabular der jüngeren Umgangssprache. Im zweiten Teil wird der Wortschatz durch ein standardsprachliches, hochdeutsches Register erschlossen. Grosse Sorgfalt ist allgemein der stilistischen und soziolinguistischen Charakterisierung des Worschatzes gewidmet.

Teuteberg, René: **Basler Geschichte. Christoph Merian Verlag, Basel. 2. Auflage 1988. 450 Seiten.**
Dem 1914 geborenen Verfasser, Schüler Werner Kaegis, ist mit diesem allgemein verständlichen und ausgewogenen Werk eine originelle und eigenwillige Darstellung gelungen. Diese «Basler Geschichte» sagt ungemein viel über Basel. Sie füllt im sonst so reichhaltigen Basler Schrifttum eine Lücke aus, indem sie die Geschichte Basels von den Uranfängen bis zur jüngsten Gegenwart knapp, anschaulich und in stets gleich bleibender Dichte erzählt: «Der engere Schauplatz der Geschichte, die hier erzählt wird, lässt sich am leichtesten von der Basler Pfalz überblicken... Hier steht man am geradezu klassischen Ort, von dem aus man den grossen Bogen des Rheinstroms von Osten nach Norden wahrnimmt, die Gelenkstelle, an der die Stromlandschaft ihr Aussehen entscheidend ändert.»

Teuteberg, René: **Das Kloster St. Alban und die Vorstadtgesellschaft zum hohen Dolder. Christoph Merian Verlag, Basel 1992. 80 Seiten.**

Der Verfasser schildert in dieser Schrift die Geschichte der «Gesellschaft zum hohen Dolder», einer Gesellschaft, die in der Basler Vorstadt St. Alban im Spätmittelalter entstanden ist und in den folgenden Jahrhunderten wichtige gesellschaftliche Funktionen ausgeübt hat. Die Gestalt der St. Alban-Vorstadt wurde durch das 1083 gegründete Kloster St. Alban geprägt, dessen Geschichte in dieser Schrift ausführlich geschildert wird.

Vonder Mühll-von Tuhr, Johanna: **Basler Sitten. Herkommen und Brauch im häuslichen Leben einer städtischen Bürgerschaft. Herausgegeben von der Schweizerischen Gesellschaft für Volkskunde, Basel. Mit einem Vorwort von Karl Meuli. 3. unveränderte Auflage 1985. 211 Seiten.**

Um Sitten geht es in diesem Buch, um jene ungeschriebenen Gesetze geheimnisvoller Herkunft, die nicht weniger streng regieren als Recht und Mode und deren Zwang bald als Wohltat, bald als Last empfunden wird. Der unbefangene Betrachter wird mit Bewunderung feststellen, wie reich, wie intensiv dieses baselstädtische Leben war und ist. Die Basler Malerin und Schriftstellerin Johanna Vonder Mühll-von Thur (1894–1974) ist aufgewachsen im Spannungsfeld zwischen deutscher und französischer Kultur. Sie folgte ihrem Gatten, dem Juristen Karl Vonder Mühll, in die strenge Normenwelt der stark traditionsgebundenen Basler Gesellschaft, in der ihr vitaler und künstlerischer Elan zu ersticken drohte. Der Auseinandersetzung mit diesem kulturellen Umfeld ist ein grosser Teil ihres schriftstellerischen Schaffens gewidmet.

Johanna Müller-Vonder Mühll, die Tochter von Johanna Vonder Mühll-von Tuhr, deckt in einer einfühlsamen Biografie das lebenslange leidenschaftliche Ringen ihrer Mutter um eine Verwirklichung der eigenen Persönlichkeit auf. (Ein Frauenleben in der Zeitenwende. GS-Verlag, Basel 1996).

Von Roda, Burkard: **Die Goldene Altartafel. Basler Kostbarkeiten. Herausgeber: Baumann & Cie, Banquiers. Historisches Museum, Basel 1999. 45 Seiten.**

Die goldene Altartafel – das Basler Antependium oder der ottonische Goldaltar – ist ein Geschenk Kaiser Heinrich II. an die Basler Kathedrale. Es ist das älteste erhaltene Antependium (= Vorhang) des Mittelalters, ein Werk, das dem karolingischen Goldaltar in San Ambrogio in Mailand, der Tafel des Aachener Münsters und der Pala d'oro in San Marco in Venedig ebenbürtig zur Seite zu stellen ist. Mit der Tafel verbindet sich aber auch die Geschichte des bedauernswerten Verlustes an einem Kulturgut, den die Region Basel zu beklagen hat. Die Tragik dieses Verlustes liegt darin, dass die Stadt reformierten Glaubens den Schatz mitsamt den Reliquien über 300 Jahre in ihren Mauern hielt und dass erst die Kantonstrennung im Jahre 1833 seine Teilung und 1836 die Versteigerung erzwang. Erst damals verliess die Goldene Altartafel nach über 800 Jahren ihren angestammten Ort im Basler Münster und gelangte in den Handel. Die Tafel wird seit 1852 vom Musée de Cluny, heute Musée National du Moyen-Age, in Paris wie ein Augapfel behütet und gilt als nationales Kulturgut Frankreichs.

Wanner, Gustav Adolf: **Berühmte Gäste in Basel. Buchverlag Basler Zeitung, Basel. 2. Auflage 1983. 105 Seiten.**

Die Auswahl mit Enea Silvio Piccolomini, Erasmus von Rotterdam, Paracelsus, Doktor Faust, Cagliostro, Johann Wolfgang von Goethe, Johann Heinrich Pestalozzi, Kaiser Franz I., Kaiserin Marie-Louise, Oberst Gustafsson, Friedrich Nietzsche, Fjodor Michailowitsch

Dostojewskij, Lenin und Erzherzog Eugen ist mehr oder weniger willkürlich und hält sich an keine bestimmten Normen; sie soll dem Leser präzise Kenntnisse über 14 «unbekannte Bekannte» vermitteln. Es sind skizzenhafte Hinweise. Wer mehr wissen will, schlage nach bei Gustav Adolf Wanner: «Was Basler Gedenktafeln erzählen» (Verlag Helbing und Lichtenhahn), «Rund um Basels Denkmäler» (Buchverlag Basler Zeitung), «Besuche der Herrscher des Römischen Reiches deutscher Nation in Basel» (Basler Stadtbuch, Ausgabe 1980/81). Wie gut der aus Schaffhausen stammende Historiker und Journalist Gustav Adolf Wanner Basels Geschichte und Eigentümlichkeiten kennt, zeigen auch diese anschaulichen, lebendig geschriebenen historischen Miniaturen.

Wanner, Gustav Adolf: **Häuser, Menschen, Schicksale. Zur Erinnerung an Gustav Adolf Wanner. Herausgegeben von Mascha Wanner-Jasińska, mit Fotos von Peter Armbruster. 3 Bände. Buchverlag Basler Zeitung, Basel 1985, 1986 und 1988. 565 Seiten.**
Die vorliegende Anthologie vereinigt mit 240 Hausmonografien rund einen Drittel der während gut zweier Jahrzehnte entstandenen, zum Teil in den Basler Nachrichten und in der Basler Zeitung sowie vereinzelt auch im Basler

Kirchenboten erschienenen Essays. Sie behandeln die Geschichte einzelner Häuser, ihrer Besitzer und ihrer Bewohner sowie deren gelegentlich wechselvolle Schicksale. Gustav Adolf Wanner gewann den Stoff für seine mit pulsierendem Leben erfüllten Darstellungen einerseits aus gründlichem Studium der Akten und Urkunden, zumal des Historischen Grundbuchs im Staatsarchiv, anderseits aus seinen stupenden familien- und wirtschaftsgeschichtlichen Kenntnissen, die er in seinem unübertrefflichen Gedächtnis gespeichert hatte.
Die Auswahl vermittelt ein Stück Basler Geschichte vom Mittelalter bis in unsere Zeit. Wir erkennen, wie ähnlich die heutigen Menschen ihren Altvordern sind, wie anders aber zugleich die Lebensumstände und die Rechtsverhältnisse in vergangenen Jahrhunderten waren. Das allgemein Menschliche ist sich gleich geblieben: Zanksucht, Missgunst, Besitzgier und Geltungsbedürfnis beseelten unsere Ahnen nicht weniger als uns heutige Zeitgenossen. Sodann lernen wir Berufe kennen, die heute längst ausgestorben sind: Tuchscherer, Bräter, Nagler usw. Gelegentlich holt der Autor aus zur Darbietung von Kurzbiografien einzelner Persönlichkeiten. Bisweilen erläutert er auch eigentümliche Strassennamen, erklärt, woher Bezeichnungen wie Rosshofgasse, Herbergs-

gasse und Schnabelgasse, Hochstrasse oder Maulbeerstrasse kommen. Der Historiker Gustav Adolf Wanner (1911–1984) fühlte sich als Wahlbasler mit der Stadt, ihrem Wesen, ihrer Tradition und Kultur derart verbunden, dass er ihr Bürgerrecht erwarb und sein ganzes Wirken als Journalist und Redaktor in ihren Dienst stellte.

Wanner, Gustav Adolf: **Zunftkraft und Zunftstolz. 750 Jahre Basler Zünfte und Gesellschaften. Birkhäuser Verlag, Basel 1976. 257 Seiten.**
Der Titel «Zunftkraft und Zunftstolz» will die grosse wirtschaftliche, soziale und politische Bedeutung der Zünfte und Gesellschaften zum Ausdruck bringen, die, vorab in der ersten Periode ihrer Geschichte, die Entwicklung des baslerischen Gemeinwesens entscheidend bestimmt haben. Unter dem massgebenden Einfluss, den die Zünfte als Schrittmacher der demokratischen Freiheit und eigentliche Träger der staatlichen Macht auf das wirtschaftliche und politische Geschehen ausgeübt haben, ist Basel – im Gegensatz zu den Städten des schweizerischen Patriziates – zur reinen Zunftstadt geworden und bis zum Untergang der Alten Eidgenossenschaft Zunftstadt geblieben. Sämtliche 20 Zünfte, die drei Kleinbasler Ehrengesellschaften, die fünf Vorstadtgesellschaf-

ten Grossbasels wie auch die Bürgerkorporation Kleinhüningen finden eine konzentrierte Darstellung. Abschliessend wird die heutige Rolle der Zünfte und Gesellschaften als Kern der mit ihrer Vaterstadt eng verbundenen Bürgerschaft gewürdigt. Bereichert wird der Text durch eine Reihe prachtvoller Farbtafeln und eine Fülle weiterer Illustrationen.

Werthmüller, Hans: *Tausend Jahre Literatur in Basel. Birkhäuser Verlag, Basel, Boston, Stuttgart 1980. 324 Seiten.*

Hans Werthmüller, geboren 1912, hat mit diesem Werk ein Panorama der Literatur dargestellt, die in Basel entstanden ist und vom frühen Mittelalter bis an die Schwelle des 20. Jahrhunderts reicht. Den breitesten Raum nehmen die Schilderungen des 16. und des 19. Jahrhunderts ein. Herausragende Gestalten waren im 16. Jahrhundert unter anderen Erasmus, Beatus Rhenannus, Glarean, Pamphilus Gengenbach, Birck, Boltz, Fischart, Thomas Platter und Wurstisen. Im 19. Jahrhundert waren es vor allem Hebel, Jacob Burckhardt, Bachofen, Nietzsche und Spitteler. Schon im 13. Jahrhundert waren jedoch Konrad Fleck, Konrad von Würzburg oder Steinmar nicht allein für Basel wegweisend. Als Konzilsteilnehmer schrieben in Basel Aeneas Silvius und Cusanus. Am Ende des 15. Jahrhunderts gelang Sebastian Brant in Basel das «Narrenschiff». Im 17. und 18. Jahrhundert galt Basel mit der Familie Bernoulli und mit Leonhard Euler als Hochburg der Mathematik in Europa. Mit den Buxtorfs war die Basler Universität 144 Jahre lang ein Brennpunkt der Orientalistik. In Basel hat Albrecht von Haller 1729 «Die Alpen» geschrieben. Wer Werthmüllers Buch liest, stellt mit Verwunderung fest, dass sich viele Dichter und Schriftsteller durch die Jahrhunderte hindurch hier die Füsse gewärmt haben.

Windhöfel, Lutz: *Architekturführer Basel 1980–2000. Ein Führer durch die trinationale Stadt. Birkhäuser Verlag für Architektur, Basel, Boston, Berlin 2000. 106 Seiten.*

Dieser neueste Basler Architekturführer kann und will nicht in Wettstreit treten mit Dorothee Hubers «Architekturführer Basel. Die Baugeschichte der Stadt und ihrer Umgebung» (2. Auflage 1996). Die Autorin behandelt dort einen Zeitraum von mehr als zwei Jahrtausenden, von der ersten keltischen Siedlung bis zu Beginn der 1990er-Jahre. Mit ungleich bescheidenerem Anspruch nimmt Lutz Windhöfels Werk das Baugeschehen der letzten 20 Jahre in den Blick. In der Agglomeration Basel sind es zwei Architekturen, die ein neues und anderes Denken im Blick auf das zeitgenössische Bauen repräsentieren: das Museum für Gegenwartskunst von Wilfrid und Katharina Steib und die Wohnsiedlung «Hammer 1» von Diener & Diener. Aber es waren in Basel nicht allein Architekten, die eine heute international beachtete Situation des Aufbruchs schufen, sondern auch Menschen in der öffentlichen Bauverwaltung und Planung, in der Bauherrenschaft, der Vermittlung und dem Bauhandwerk, wie der Basler Kantonsbaumeister Carl Fingerhuth, der Ökonom und Soziologe Rolf Fehlbaum oder der Architekturpublizist Werner Blaser. Weitere entscheidende Schritte in der Entwicklung wurden 1984 mit der Eröffnung des Architekturmuseums gemacht. Den Auftakt zur neuen Basler Architektur bildete ein gewandelter Umgang mit der Geschichte und mit der Stadt.

*Wolf, Petrus: **Ambitus sive descriptio interioris urbis Basileae. Ludus latinus delectandi magis quam docendi causa conceptus, conscripsit Petrus Wolf, photographis exornavit Petrus Mangold, impressit Petrus Bauer, auctor fuit ab initio Marcus Kutter. Gymnasio, quod est Basileae in arce, quadringentesimum annum celebranti, ex officina Bauer-Brandenberger, Basileae MXIM. 52 Seiten.***

Der Ambitus kennt keinen deutschen Originaltext. Im Zentrum der alten Stadt gelegen, lädt das Gymnasium am Münsterplatz seine Schülerschaft jeden Tag zu einem Parcours ein, der von keltisch-römischen Fragmenten an mittelalterlichen Denkmälern und Zeugen der Renaissance vorbei durch das 18. und 19. Jahrhundert bis in unsere glitzernde Gegenwart führt: «Initium capiat ambitus (Rundgang) a Basilica Cathedrali (Münster) et gymnasio nostro, quod Humanisticum nominare vereor, quia hoc vocabulum et a Latinitate abhorret et nostra aetate in ambiguitatem (Zweideutigkeit) cecidit: etenim quam quisque optimam esse eruditionem sibi persuasit, eam illa voce extollit atque nobilitat.»

Zoologischer Garten Basel (Herausgeber):
Zoo Basel. Redaktion und Bilder: Jörg Hess. Christoph Merian Verlag. Basel 1999. 2 Bände. 362 Seiten.

Die zwei ansprechenden Bände möchten beidem, dem Erleben wie dem Verstehenwollen, gerecht werden. Der schwarz-weiss illustrierte Textband verrät, weit über die Tiere hinaus, Wissenswertes rund um den Zoologischen Garten Basel. Doch neben dem Lesevergnügen soll auch das Sehvergnügen nicht zu kurz kommen. Darum wurde dem «Lesebuch» ein farbiger Bildband, ohne Text, zur Seite gestellt. Er soll zu den Augen sprechen, Geschichten anklingen lassen, Erinnerungen an vergangene und die Lust auf künftige Erlebnisse wachrufen und so die Neugier auf all das, was Tiere uns Menschen zu sagen haben, immer wieder wecken.

Namen-, Orts- und Sachregister

315

Autor **Fotograf**

Toni Föllmi (*1938) hat in Basel, London, Paris und Köln Wirtschaftswissenschaften und Jura studiert. Nach journalistischer Tätigkeit bei der Neuen Zürcher Zeitung war er ab 1963 bei der Schweizerischen Nationalbank in Zürich wissenschaftlicher Mitarbeiter, später Leiter des Ressorts Statistik und ist seit 1985 Direktor der Nationalbank in Basel. Er ist publizistisch tätig im Bereich der Geld- und Währungspolitik.

Klaus Brodhage (*1951) in Bern geboren, seit über 27 Jahren in Basel tätig. Chefredaktor des Magazins THE TOWER, der Hauszeitschrift der Bank für Internationalen Zahlungsausgleich (BIZ) in Basel. Fotografische Arbeiten für Magazine, Prospekte, Werbung, Zeitungen, Zeitschriften. FCB-Fotograf. Fotoausstellungen. Mitglied der IPPA (International Photo + Press Association) und des VIF (Verband internationaler vollberuflicher FachjournalistInnen).